O ESSENCIAL DE MILTON FRIEDMAN

CONHEÇA OUTROS LIVROS DA SÉRIE:

POLÍTICA, IDEOLOGIA E CONSPIRAÇÕES

DESCULPE-ME, SOCIALISTA

MITOS E FALÁCIAS DA AMÉRICA LATINA

A LEI

MENOS ESTADO E MAIS LIBERDADE

OS ERROS FATAIS DO SOCIALISMO

DA LIBERDADE INDIVIDUAL E ECONÔMICA

OS FUNDAMENTOS DO CAPITALISMO:
O ESSENCIAL DE ADAM SMITH

LIBERDADE É PROSPERIDADE – A FILOSOFIA DE AYN RAND

STEVEN E. LANDSBURG

O ESSENCIAL DE MILTON FRIEDMAN

Tradução:
MATHEUS PACCINI

COPYRIGHT © THE FRASER INSTITUTE, 2020
COPYRIGHT © FARO EDITORIAL, 2021

Todos os direitos reservados.

Avis Rara é um selo da Faro Editorial.

Nenhuma parte deste livro pode ser reproduzida sob quaisquer meios existentes sem autorização por escrito do editor.

O autor deste livro trabalhou de forma independente e as opiniões expressas por ele são, portanto, suas próprias e não refletem necessariamente as opiniões dos adeptos, diretores ou funcionários do Instituto Fraser. Esta publicação não implica de forma alguma que o Instituto Fraser, seus diretores ou funcionários sejam a favor ou se oponham à aprovação de qualquer projeto de lei; ou que eles apoiem ou se oponham a qualquer partido ou candidato em particular.

Diretor editorial PEDRO ALMEIDA
Coordenação editorial CARLA SACRATO
Preparação TUCA FARIA
Revisão BARBARA PARENTE
Adaptação de capa e diagramação OSMANE GARCIA FILHO

Dados Internacionais de Catalogação na Publicação (CIP)
Angélica Ilacqua CRB-8/7057

Landsburg, Steven
   O essencial de Milton Friedman / Steven Landsburg ; tradução de Matheus Pacini. — São Paulo : Faro Editorial, 2021.
   112 p.

   Título original: The essential Milton Friedman
   ISBN 978-65-86041-23-1

   1. Economia 2. Capitalismo 3. Política monetária 4. Friedman, Milton, 1912-2006 I. Título II. Pacini,

20-2812   CDD 330

Índice para catálogo sistemático:
1. Economia

1ª edição brasileira: 2021
Direitos de edição em língua portuguesa, para o Brasil, adquiridos por FARO EDITORIAL

Avenida Andrômeda, 885 – Sala 310
Alphaville – Barueri – SP – Brasil
CEP: 06473-000
www.faroeditorial.com.br

SUMÁRIO

9   INTRODUÇÃO

13   1.   A HIPÓTESE DA RENDA PERMANENTE

21   2.   MOEDA, PREÇOS E INFLAÇÃO

29   3.   POLÍTICA MONETÁRIA

37   4.   HISTÓRIA MONETÁRIA

47   5.   DESEMPREGO

57   6.   A TEORIA DOS PREÇOS DE CHICAGO

65   7.   CAPITALISMO E LIBERDADE

75   8.   ANÁLISE DE POLÍTICAS

83   9.   ATIVISMO

93   10.   OPINIÃO PÚBLICA

101   NOTAS SOBRE OS CAPÍTULOS, INCLUINDO LEITURAS ADICIONAIS

109   SOBRE O AUTOR

O ESSENCIAL DE
MILTON FRIEDMAN

INTRODUÇÃO

QUANDO ECONOMISTAS SÃO CHAMADOS DE "INFLUENTES", normalmente é porque mudaram a forma como outros economistas pensam. Por esse critério, Milton Friedman foi um dos economistas mais influentes de todos os tempos. Ele revolucionou a forma como os economistas pensam sobre consumo, moeda, política de estabilização e desemprego. Demonstrou o poder de se comprometer com algumas premissas simples sobre o desenvolvimento humano e, então, perseguir implacavelmente suas implicações lógicas. Desenvolveu e ensinou novas formas de interpretar dados, testando suas teorias por sua capacidade de explicar muitos fenômenos diferentes. Suas conquistas foram espetaculares, e suas técnicas, amplamente emuladas.

Em muitos casos, os métodos de Friedman inspiraram a criação de subcampos inteiramente novos, incluindo a análise econômica do direito, a abordagem quantitativa da história econômica, a economia do crime, a economia das relações familiares e a análise econômica das finanças — o que fez vários de seus discípulos ganhadores do Prêmio Nobel.

Mas a influência de Friedman foi além dos economistas. Para o público em geral, ele foi o principal defensor da liberdade econômica e pessoal no mundo. Através de seus escritos e aparições na mídia, educou milhões de pessoas sobre como os mercados funcionam e por que os governos frequentemente falham. Ele restaurou a respeitabilidade de noções do liberalismo clássico que tinham caído em descrédito, não com propaganda barata, mas por meio de um debate sincero e profundo dessas ideias.

E ele influenciou legisladores. Nos Estados Unidos, ajudou a pôr fim no alistamento militar, a ampliar a escolha educacional e a mudar o ambiente regulatório. Internacionalmente, hoje quase todos os bancos centrais do mundo seguem políticas baseadas nos *insights* e recomendações de Friedman (atualizados, é claro, às circunstâncias atuais), tornando o mundo mais rico, estável e, em grande parte, livre dos erros desastrosos de política que costumavam ser rotina. Quando a União Soviética caiu, os escritos de Friedman inspiraram a criação de novas instituições em antigos países comunistas, e os que adotaram esse curso de ação foram recompensados com prosperidade e liberdade.

Após um flerte inicial com a estatística (onde desenvolveu o "teste de Friedman" para interpretar discordâncias entre juízes em uma competição de skate, por exemplo), Friedman

INTRODUÇÃO

passou a estudar economia, e em 1946 escreveu uma dissertação de doutorado que tratava, entre outras coisas, dos efeitos do licenciamento ocupacional, um tema que abordava com frequência. No ano seguinte, aceitou um cargo na Universidade de Chicago, onde realizou grande parte de seu trabalho acadêmico sobre comportamento de consumo, teoria monetária e história monetária, servindo como um líder intelectual incontestável do Departamento de Economia por 30 anos. Em 1976, recebeu o Prêmio Nobel.

O público se familiarizou com o pensamento de Friedman através de seu *best-seller Capitalismo e Liberdade*, de suas mais de 300 colunas na revista *Newsweek* e de sua assessoria crescente a legisladores. Após se aposentar em 1977, Friedman se transferiu para o Hoover Institution na Universidade de Stanford e, em colaboração com sua esposa, Rose, e o produtor de televisão Robert Chitester, criou a série de televisão *Free to Choose* e um livro complementar de mesmo nome. Tanto a série de TV como o livro atraíram grandes audiências e consolidaram a fama mundial de Friedman. Diversos líderes do Leste Europeu citaram *Free to Choose* como a principal inspiração de suas novas políticas econômicas após a queda da União Soviética.

Seriam necessários milhares de volumes para fazer justiça às contribuições extraordinárias de Friedman à teoria econômica, prática econômica, política econômica e educação econômica. Os breves capítulos que seguem fornecem uma visão geral do que esses volumes poderiam conter.

A HIPÓTESE DA RENDA PERMANENTE

SUPONHA QUE VOCÊ ACREDITE QUE A ECONOMIA SE encontra estagnada porque as pessoas não estão gastando o suficiente. Como fazê-las abrir suas carteiras?

Primeiro, analise alguns dados. Você logo descobrirá que o gasto tem forte correlação com a renda. Está bem documentado que se em um determinado ano Alice tiver uma renda superior à de Bob em US$ 1, gastará em média US$ 0,90 a mais que ele.*

A-há! Problema resolvido! Se você deseja que as pessoas gastem mais, deve começar aumentando seus salários. Encoraje o governo a contratar Alice aumentando seu salário em US$ 1. Ela gastará US$ 0,90 a mais — e isso é só o começo. Se ela gastar esses US$ 0,90 em um frigorífico, em um salão de beleza ou

---

* Utilizo o exemplo dos US$ 0,90 em todo o capítulo. Pode-se discutir se o número exato está um pouco abaixo ou acima disso, mas não faz diferença aqui.

em uma cervejaria artesanal, então, o açougueiro, a cabeleireira ou o cervejeiro obterá us$ 0,90 a mais e, provavelmente, gastará 90% disso, aumentando a renda de outra pessoa no processo. No fim das contas, us$ 1 a mais gasto pelo governo pode aumentar o gasto total (e a renda total) em us$ 10 ou mais.

Essa é a história do chamado "multiplicador keynesiano". No passado, quase todos os economistas consideravam-no a base de uma boa política econômica.

Aqui está o problema:

De fato, a renda tem forte correlação com o gasto. Mas *correlação não é causalidade*. Quando Alice recebe us$ 1 a mais que Bob, normalmente gasta us$ 0,90 mais que ele. No entanto, sua renda atual não é a causa desse gasto. Em vez disso, ela gasta mais que ele (na maioria dos casos) porque *espera continuar ganhando mais que ele* por muitos anos.

Via de regra, as pessoas ajustam seus gastos com base não em sua renda *atual*, mas em sua renda *permanente* — isto é, nos rendimentos esperados ao longo de sua vida.*

Agora, se Alice recebe um aumento anual de us$ 1 de seu empregador, é provável que ela acredite — corretamente! — que o aumento será permanente. É por isso que ela gasta mais, e é por isso que os dados mostram que rendas maiores normalmente levam a gastos maiores. Se, ao contrário, Alice recebe um aumento anual de us$ 1 de um governo que decidiu

---

* Digo sempre a meus alunos de faculdade que é por isso que economistas normalmente têm carros, enquanto filósofos não, mesmo que suas rendas atuais sejam praticamente idênticas: economistas esperam estar empregados no futuro.

temporariamente elevar seus gastos, ela provavelmente preferirá poupar boa parte desse valor para quando seu salário voltar ao normal. O ciclo de gasto que chamamos de multiplicador keynesiano nunca se materializa.

Sem problemas. Talvez a solução seja o governo contratar Alice aumentando *permanentemente* seu salário em US$ 1 ao ano. Faz sentido até você pensar de onde o governo *tirará* esse US$ 1 anualmente:

- O governo poderia aumentar os impostos de Bob em US$ 1 ao ano. Isso iria aumentar o consumo de Alice, mas reduziria o de Bob. Se o que se pretende é elevar o gasto total, essa medida não gera efeito algum.
- O governo poderia tomar emprestado US$ 1 de Bob anualmente. Mas, cedo ou tarde, Bob desejará ser reembolsado, ponto em que o governo terá de aumentar os impostos de Charles para obter o dinheiro. Nesse momento, Charles passa a gastar menos. E pior, se ele acompanhar as notícias, provavelmente perceberá que o governo está endividado, que os impostos tendem a subir no futuro e que sua própria renda permanente será impactada, o que o faz reduzir seus gastos imediatamente.

Então, aí está o problema. Se você deseja que Alice gaste mais, precisa aumentar sua renda permanente, e não apenas sua renda atual. Mas o governo não pode aumentar a renda permanente dela sem reduzir a renda permanente de Bob ou Charles na mesma proporção, o que condena todo o plano ao fracasso.*

Essa é uma consequência da *hipótese da renda permanente*. Mais precisamente, Friedman postula que:

- Se sua renda permanente aumentar em, digamos, US$ 100 ao ano, você normalmente elevará seu gasto anual em um valor muito próximo a isso.**
- Se sua renda não permanente aumentar ou diminuir em US$ 100 num determinado ano (devido a um bônus no trabalho, a uma carteira perdida, a um prêmio na loteria ou a gastos médicos), você fará apenas um pequeno ajuste em seu gasto atual.

Se Alice ganha US$ 100 a mais que Bob, então (para uma Alice média e um Bob médio), é quase sempre porque a renda permanente dela excede a dele em US$ 90, e a renda não permanente dela excede a dele em US$ 10. Portanto, já que apenas sua renda permanente afeta seu gasto, ela gasta mais que ele aproximadamente US$ 90.***

---

* Existem exceções ocasionais. É concebível que o governo pudesse construir uma rodovia que reduzisse os custos de transporte tão consideravelmente a ponto de elevar a renda permanente de todos — mesmo após contabilizar os impostos que financiam a construção da rodovia. Infelizmente, a maioria dos projetos governamentais não é tão produtiva.

** A proximidade exata depende de uma variedade de fatores, incluindo a taxa de juros e quanto você já tem guardado no banco. Mas, como ilustração, irei supor daqui em diante que você aumenta seu gasto em US$ 100.

*** O valor de US$ 90 é ilustrativo, embora o número real provavelmente não esteja muito longe disso.

A HIPÓTESE DA RENDA PERMANENTE

Assim, é muito fácil para um economista observar que, quando Alice ganha US$ 100 a mais que Bob, ela gasta US$ 90 a mais que ele — enquanto permanece totalmente alheio ao que está por trás desses números. Em particular, ele pode facilmente cometer o erro de acreditar que um aumento de US$ 100 da renda *não* permanente pode levar a um aumento de US$ 90 nos gastos. Mas essa inferência, que permeia a teoria do multiplicador keynesiano, está errada.

Isso parece fazer muito sentido. Se Alice e Bob ganham US$ 1 mil por semana, suas rendas permanentes são idênticas. Mas se ela recebe nas sextas, enquanto ele nas quartas, a renda dela na sexta é de US$ 1 mil, enquanto a dele é US$ 0. Se o gasto realmente dependesse da renda (diária), esperaríamos ver toda sexta-feira Alice comendo churrasco e Bob comendo migalhas (e o inverso nas quartas). É só porque o gasto depende realmente da renda *permanente* que ambos vivem igualmente bem todos os dias.

A hipótese da renda permanente também resolve um mistério que atormentou os economistas por muito tempo. Se Alice recebe US$ 20 mil a mais que seu vizinho Bob, ela normalmente gasta US$ 18 mil a mais que ele. Mas se Alice recebe US$ 20 mil a mais do que seu avô recebia na sua idade, ela normalmente gasta mais que ele quase o total de US$ 20 mil. (Vemos isso nos dados do mundo real). O que explica a diferença?

Resposta: quando Alice recebe mais que Bob, em geral é porque ela está tendo um ano excepcionalmente bom, que não costuma se repetir. Então, se ela recebe US$ 20 mil a mais que

Bob, esperará receber apenas us$ 18 mil a mais que ele no futuro, e aumenta seu gasto nesse valor.

Mas quando Alice recebe mais que seu avô, é provável que seja porque os tempos mudaram. Essa é uma condição permanente. Ela espera seguir ganhando mais que ele quase no mesmo valor, e gasta de acordo.

Assim, a hipótese de renda permanente é muito relevadora. Ainda persiste a dúvida de se ela é ou não verdadeira. Friedman propôs diversos testes. Por exemplo: a renda dos agricultores depende muito do mercado e das condições climáticas (isso era especialmente verdade na época de Friedman, quando os agricultores não se protegiam contra oscilações inesperadas nos preços em mercados futuros). A renda dos trabalhadores das fábricas é muito mais previsível. Então, um aumento repentino na renda de Frank, o agricultor, tende a ser mais temporária, ao passo que um aumento na renda de Mary, a maquinista, tende a ser permanente (talvez ela tenha sido promovida!). Portanto, deveríamos (em média, é claro) ver maquinistas com picos de renda elevar mais seus gastos que agricultores na mesma situação. Os dados do mundo real confirmam essa previsão.

Friedman conduziu muitos testes, comparando não só agricultores e maquinistas, mas suecos e ingleses, negros e brancos, jovens e idosos etc. Em todos os casos, os resultados são consistentes com a hipótese da renda permanente. Então, embora Friedman reconhecesse que nenhum teste simples pode ser considerado uma prova definitiva, argumentava que o peso de todos esses testes reunidos estava próximo de ser definitivo.* De modo geral, todos os economistas concordam.

De fato, hoje praticamente todos os economistas consideram a hipótese da renda permanente ou alguma variação dela como quase óbvia a ponto de ser difícil imaginar uma época em que precisou ser descoberta.** Mas já houve um tempo assim. Antes de Friedman, uma série de ótimas economistas — incluindo Rose Director (posteriormente, Rose Director Friedman), Dorothy Brady e a notável Margaret Reid — desenvolveu técnicas indispensáveis para a análise e interpretação dos dados de despesas das famílias. Friedman sempre reconheceu graciosamente sua dívida para com elas. No entanto, ele foi o primeiro a vislumbrar as teorias econômicas da renda permanente, a confrontar sua hipótese com uma análise meticulosa dos dados, a discutir as implicações políticas e a submetê-las ao devido contexto histórico, explicando como complementam, expandem e, às vezes, suplantam o trabalho de seus predecessores. A hipótese da renda permanente encabeçou a lista das realizações de Friedman, produzida pelo comitê, que o credenciaram para o Nobel.

---

* Esse tipo de estratégia empírica era característica de Friedman. Em vez de confiar nos testes tradicionais de significância estatística, ele preferia geralmente julgar suas hipóteses por sua capacidade de explicar uma gama diversa de observações. Friedman, que deixou sua marca como estatístico teórico antes de migrar para a economia, estava ciente das deficiências dos testes tradicionais.

** Como é sempre o caso com a boa ciência, pesquisas subsequentes propuseram e fizeram bons argumentos a favor de variações no tema de Friedman, mas essencialmente todas as pesquisas modernas sobre o comportamento de consumo têm raízes em sua abordagem.

MOEDA, PREÇOS E INFLAÇÃO

O PRÊMIO NOBEL DE ECONOMIA ROBERT SOLOW CERTA vez observou que "para Friedman, tudo tem relação com a oferta monetária".* É incontestável o fascínio de Friedman pela oferta monetária, que levou a *insights* que mudaram profundamente tanto o pensamento acadêmico como a política econômica.

Na verdade, a análise de Friedman começa no outro extremo do mercado — a demanda por moeda. Para o leitor eventual, a ideia de estudar a "demanda por moeda" pode parecer absurda. Não desejamos o máximo de dinheiro que pudermos obter? Isso não resume a questão?

Resposta: é claro que não. Gostaríamos de ter o máximo de *riqueza* possível, mas riqueza não é sinônimo de dinheiro. Bill

---

* Solow também observou: "Tudo me faz lembrar de sexo, mas tento mantê-lo fora de meus artigos".

Gates sem dúvida é mais rico que eu, e tenho certeza de que tem uma casa e um portfólio de ações superiores aos meus, mas não posso garantir qual de nós tem mais *dinheiro*, que é o somatório dos pedaços de papel coloridos em nossas carteiras mais nosso saldo bancário.*

Como o norte-americano médio, mantenho comigo mais ou menos a renda de 10 semanas na forma de dinheiro. (Grande parte disso em conta-corrente, que posso usar via cheques ou cartão de débito). Com algum malabarismo — venda de alguns ativos, retirada da previdência privada, empréstimo bancário ou economia de dinheiro —, poderia ter um pouco mais. Mas estou contente com o dinheiro que tenho.

Por que a renda de 10 semanas, e não a de 8 ou 12? Porque gosto de estar preparado para fazer compras não programadas, de um hambúrguer no caminho para o trabalho até um reparo emergencial dos encanamentos. Se o meu encanador decidir aceitar cartão de crédito, ou houver aumento da criminalidade, posso decidir manter ainda menos dinheiro. Se o meu banco passa a oferecer uma taxa de juros maior em aplicações financeiras, posso querer investir, renunciando a um pouco dele. Todavia, a menos que *algo* mude, é provável que eu continue a manter a renda de 10 semanas sob a forma de dinheiro.

---

* Não há espaço aqui para o debate sobre até que ponto o saldo bancário conta ou não como dinheiro. Os saldos em conta-corrente certamente deveriam contar; valores em certificados de depósito que não podem ser sacados à vista, sem multa, certamente não. A ideia básica é que o dinheiro é um ativo líquido que pode ser usado facilmente a qualquer momento, sem aviso prévio.

MOEDA, PREÇOS E INFLAÇÃO

Explicado o lado da demanda, focamos agora na *oferta* de moeda. A moeda é ofertada pelo sistema bancário e as autoridades monetárias (por exemplo, a Reserva Federal dos Estados Unidos, o Banco do Canadá no Canadá, e o Banco da Inglaterra no Reino Unido) de formas complexas, cujos detalhes não importam aqui. Então, imaginemos um mundo simples em que, começando em uma determinada manhã de segunda-feira, a população coletivamente detenha um total de US$ 1 milhão. O governo, que vinha planejando comprar US$ 1 milhão em clipes de papel na parte da tarde, toma a decisão de pagar por eles com dinheiro recém-emitido (em oposição, digamos, a usar impostos ou fundos emprestados).

O que teoricamente ocorreria? Na segunda-feira de tarde, as pessoas que vendem clipes de papel estariam com mais dinheiro do que tinham pela manhã. Na verdade, a oferta monetária total duplicou; logo, se estendermos o impacto para toda a população, o cidadão médio (chame-o de Alice) está agora com o dobro de dinheiro que tinha pela manhã.* Mas *isso é mais do que Alice deseja.* Se ela quisesse todo esse dinheiro, teria se programado para tal (quem sabe depositando um pouco mais de seu salário em sua conta-corrente, e não em sua previdência privada).

Então, Alice tem um problema: como ela se livrará desse dinheiro excedente? Jogá-lo fora seria uma péssima ideia. Talvez ela converse com seu vizinho Bob e o convença a tomar US$ 1

---

* "Manter mais dinheiro" pode significar ter mais dinheiro na carteira ou maior saldo na conta-corrente.

emprestado. Mas, então, será *Bob* que terá de se livrar de US$ 1. Talvez ele vá ao banco e aplique esse valor. No entanto, nesse caso, a gerente do banco, Carol, terá mais dinheiro do que deseja em seu cofre. Não importa para onde vá o dinheiro, o cidadão médio ainda tem o dobro de dinheiro que tinha pela manhã, e quer se livrar dele.

A outra forma de se livrar do dinheiro é gastando-o. Então, cedo ou tarde, Alice (ou outra pessoa) decide comprar um hambúrguer, um corte de cabelo ou um casaco mais caro — ou pode ser que agende um serviço de encanador que planejava fazer apenas no ano seguinte. Isso aumenta o preço de hambúrgueres, cortes de cabelo, casacos e manutenção de casas em, digamos, 10%. Como os preços subiram, as pessoas agora estão dispostas a manter 10% mais dinheiro do que tinham pela manhã. Infelizmente, a quantidade de dinheiro em circulação não aumentou em 10%, mas sim em 100%. Então, o processo continua até os preços atingirem esses 100%. Agora, as pessoas querem manter todo o dinheiro excedente, e o processo é interrompido.*

---

* Em resumo: as pessoas tentam se livrar do dinheiro comprando coisas, o que eleva os preços até elas estarem dispostas a manter o dinheiro extra. Você pode se perguntar por que não podemos contar uma história diferente: talvez as pessoas tentem se livrar do dinheiro emprestando-o, reduzindo as taxas de juros até estarem dispostas a manter o dinheiro extra. (Lembre que, quando a taxa de juros está baixa, alternativas ao dinheiro — como certificados de depósito — são menos atraentes.) O problema com essa história é que se opõe à teoria econômica, que nos diz que a taxa de juros deve ser totalmente determinada pela oferta e demanda por bens e serviços no presente e no futuro, não se deixando afetar por mudanças na oferta e demanda por moeda.

Conclusão:

- Se você dobrar (triplicar ou quadruplicar) a oferta monetária, os preços dobrarão (triplicarão ou quadruplicarão).
- O processo pode levar algum tempo, e algumas coisas interessantes podem acontecer no caminho. (Bem, teremos muito mais a dizer sobre isso nos próximos capítulos.)

Uma breve reflexão revela uma lição mais profunda:

- Uma disparada repentina no nível geral de preços (em oposição a um aumento no preço de um bem específico) é *sempre* causada por pessoas tentando se livrar do dinheiro.

Por que as pessoas poderiam querer se livrar dele? Já listamos algumas razões — uma aceitação mais ampla de cartões de crédito, um aumento na criminalidade, uma elevação das taxas de juros ou um aumento na oferta de dinheiro que as deixa com mais do que querem manter.

* * *

Essa é uma boa análise de um fenômeno raro: um salto único no nível de preços. Um fenômeno muito mais comum é a *inflação*, um aumento estável e sustentado no nível de preços ao longo de um período considerável de tempo.

O que causa a inflação? Nossa lógica generaliza: a inflação é sempre causada por pessoas tentando se livrar do dinheiro, não todas ao mesmo tempo, mas de forma constante ao longo de um período considerável de tempo.

E por que isso ocorre? Em princípio, poderia ocorrer se houvesse um aumento constante na aceitação de cartões de crédito, um aumento estável nos furtos ou um aumento constante nas taxas de juros. Mas cada um desses fatores parece inadequado para explicar as taxas de inflação, e os longos períodos de inflação, que vemos no mundo real. Isso nos deixa com um único culpado: um aumento constante na oferta monetária.

Essa é a análise que motivou a famosa declaração de Milton Friedman de que "a inflação é sempre e em todo lugar um fenômeno monetário".

Antes de Friedman, essa matéria era controversa. Naqueles anos obscuros, era comum se ouvir falar de "inflação de custos", em que, por exemplo, a pressão por aumentos salariais de parte dos trabalhadores levava a preços crescentes dos bens de consumo, o que levava à pressão por salários ainda maiores para os trabalhadores, formando um círculo vicioso. Friedman insistia — e teve êxito em convencer disso a maioria dos economistas — que essa história aparentemente plausível não fazia sentido. De uma forma ou outra, a demanda por dinheiro tinha que se igualar à oferta de dinheiro, e os preços se ajustavam até alcançar o equilíbrio. Portanto, não havia espaço para a ação de nenhuma outra coisa sobre o nível de preços.

MOEDA, PREÇOS E INFLAÇÃO

* * *

A próxima questão óbvia é: por que deveríamos nos preocupar com o nível de preços e a inflação, e quais deveriam ser os objetivos das autoridades monetárias? Foi a esse ponto que Friedman dirigiu sua atenção, e nós faremos o mesmo.

POLÍTICA MONETÁRIA

AGORA QUE FALAMOS SOBRE COMO O NÍVEL DE PREÇOS é determinado, vamos dar um passo atrás e perguntar por que, afinal, deveríamos nos preocupar com isso. Se a oferta monetária dobra, e todos os preços (incluindo salários) dobram em resposta, houve realmente alguma mudança importante?

Provavelmente não. Em vez de custar US$ 5, um hambúrguer hoje custa US$ 10. Alice tem que trabalhar as mesmas horas para comprar um hambúrguer de US$ 10 hoje que trabalhava para comprar um hambúrguer de US$ 5 ontem. Em vez de manter US$ 25 em sua carteira (o suficiente para comprar cinco hambúrgueres), ela manterá US$ 50 — ainda o suficiente para comprar cinco hambúrgueres. Em vez de manter US$ 1 mil em sua conta-corrente, manterá US$ 2 mil — a mesma fração de sua renda que sempre manteve consigo.

Você poderia ficar preocupado com o efeito sobre prestatários e credores: se Alice inicialmente deve US$ 10 a Bob (o preço de dois hambúrgueres), então, após o nível de preços dobrar, ela deverá pagar a ele de volta us$ 10 desvalorizados que compram apenas um hambúrguer. Isso torna Alice mais rica e Bob mais pobre. Mas isso será um problema apenas se Alice e Bob não conseguirem antecipar a variação de preços. Se Bob entende que vive em um mundo onde os preços às vezes disparam, pode sempre insistir em contratos de empréstimo com cláusulas de ajuste automático, de modo que Alice sempre terá que devolver-lhe um valor suficiente para comprar dois hambúrgueres, não importando o valor que isso represente.

E mesmo se Bob não incluir tal cláusula e sofrer uma grande perda quando o nível de preços dobrar, esse não é o tipo de perda que preocupa os economistas. Por quê? Porque a perda de Bob é o ganho de Alice. *De modo geral*, portanto, a população (que inclui Alice e Bob) fica na mesma situação.

Então, um aumento único no nível de preços não é, pelo menos por uma boa margem, nada que preocupe. Talvez nem a própria inflação mereça tanta atenção. Afinal, ela é apenas uma série contínua de aumentos no nível de preços, certo?

Não é bem assim! Vamos repassar tudo desde o começo.

Na segunda-feira de manhã, Alice, uma cidadã média, guarda consigo a renda de 10 semanas, somados os valores em sua carteira e conta-corrente.

Na segunda-feira de tarde, a oferta monetária dobra, e agora Alice tem consigo a renda de 20 semanas.* Mas ela só

---

* De onde veio o dinheiro extra? Talvez ela tenha vendido muitos clipes de papel para o governo. Ou talvez tenha vendido seu sofá usado para Bob, que estava querendo se livrar do dinheiro após ter vendido alguns clipes de papel.

quer manter a renda de 10 semanas, e, portanto, tenta se livrar do dinheiro comprando coisas. Eventualmente, os preços se ajustam, e Alice agora detém sua porção do dinheiro novo, que é igual à renda de 10 semanas — seu objetivo desde o início.

Agora, mude a história: na segunda-feira de noite, o governo dobra a oferta monetária e *anuncia planos para duplicá--la novamente todos os dias ao meio-dia*. Como resultado, Alice decide que, de agora em diante, quer manter apenas a renda de 8 semanas, e não de 10. Por quê? Porque agora ela espera uma inflação contínua — isto é, espera que o dinheiro em sua carteira e conta-corrente perca valor do dia para a noite. Essa perspectiva faz com que ter dinheiro na mão seja menos atraente.

Então, na tarde de segunda-feira, Alice (junto com muitos outros) tenta se livrar do dinheiro comprando coisas. Eventualmente, os preços se ajustam para o dobro do valor da manhã, deixando Alice com renda de 10 semanas, *que é ainda mais do que ela deseja*. Portanto, ela continua tentando comprar coisas, o que eleva *ainda mais* os preços. Se a oferta monetária dobrar na segunda-feira, com aumentos sucessivos esperados para terça, quarta, quinta e sexta, então o nível de preços deve *mais* que dobrar já na segunda-feira.

De forma mais sucinta: *em algum momento no início de uma inflação, o nível de preços deve subir mais rápido que a oferta monetária*. Friedman chamou esse fenômeno de *overshooting*, que pode ter sido um termo infeliz porque parece sugerir que alguém cometeu um erro ou errou o alvo. Não é nada disso; Alice *deseja* reduzir o valor real de seus ativos em dinheiro — o número de hambúrgueres que seus trocados podem comprar e o número de reparos que sua conta-corrente pode bancar — e, no fim das contas, terá feito exatamente isso.

Infelizmente, a vida de Alice piorou um pouco. Em vez de ter dinheiro suficiente no bolso para comprar cinco hambúrgueres, ela tem para comprar só quatro, o que pode ser um problema em um dia em que ela estiver com muita fome. Em vez de ter renda de 10 semanas em sua conta-corrente, tem de 8 — o que significa que, cedo ou tarde, ela terá de postergar uma compra para evitar cair no cheque especial. Essa perda de Alice não é compensada pelo ganho de outra pessoa — e é com esse tipo de perda que os economistas se importam.

Pode ser uma perda muito pequena, mas muitas pessoas estão sofrendo de forma similar, e algumas mais que outras. Bob, que administra uma lojinha, nota que, nesses tempos inflacionários, o dinheiro em sua caixa registradora perde valor enquanto fica ali parado. Então, em vez de manter o valor, digamos, de 20 hambúrgueres na registradora como sempre fez, hoje ele mantém apenas um valor proporcional a 16 hambúrgueres. Agora é comum Bob ficar sem troco, o que aborrece alguns clientes.

Se isso ainda parece pouco é porque é pouco, pelo menos quando a taxa de inflação é baixa. No entanto, quando ela é alta, as pessoas mantêm tão pouco dinheiro que suas vidas são consideravelmente impactadas. O economista John Maynard Keynes estava na Alemanha durante a hiperinflação da década de 1920, quando os preços subiam com tal rapidez que uma cerveja comprada à meia-noite era consideravelmente mais cara do que uma cerveja comprada às 21h. Quando ele imaginava beber três cervejas ao longo da noite, comprava-as o mais cedo possível e as bebia lentamente (note que Keynes, assim como Alice, estava tentando se livrar do dinheiro comprando coisas). Por toda a vida, Keynes se lembrou da Alemanha como um lugar onde bebeu muita cerveja quente.

Como um exemplo mais extremo, considere a inflação na Hungria no pós-Segunda Guerra Mundial, quando os preços, em média, multiplicavam-se por um fator de 100 todo mês. Imagine uma xícara de café que custa US$ 0,10 em 1º de janeiro, US$ 10 em 1º de fevereiro, US$ 1 mil em 1º de março, US$ 100 mil em 1º de abril, US$ 10 milhões em 1º de maio, US$ 1 bilhão em 1º de junho, US$ 100 bilhões em 1º de julho e US$ 10 trilhões em 1º de agosto. Os salários eram ajustados, e os trabalhadores pagos, três vezes ao dia. Claro, era imprescindível gastar seu salário imediatamente, antes que perdesse quase todo seu valor. Isso significa que, em uma família convencional, um cônjuge trabalhava e o outro corria da fábrica para as lojas, gastando o dinheiro e voltando à fábrica antes do pagamento seguinte.

Então, como tantas coisas na vida, inflação em pequenas doses é um pouquinho ruim, e inflação em doses cavalares é extremamente ruim. Mas por que suportar qualquer nível de "ruim" se não é necessário? Parece que o melhor cenário é inflação zero — e a receita para conquistar esse cenário é crescimento zero na oferta monetária.

Na verdade, por que não ir ainda mais longe? Se Alice prefere manter a renda de 10 semanas sob a forma de dinheiro, talvez ficasse ainda mais feliz mantendo a renda de 12 semanas. Talvez até fosse bom dar-lhe um empurrãozinho nessa direção! Poderíamos dar esse empurrão com uma taxa *negativa* de inflação (também chamada de *deflação*), que faz com que o dinheiro no bolso de Alice se valorize com o tempo, encorajando-a assim a manter mais dele consigo.

Mas espere! Se manter um pouco mais de dinheiro faz Alice só um pouco mais feliz, por que ela precisa de um empurrão? A resposta é que ao escolher manter mais dinheiro — e, portanto, gastar *menos* — Alice ajuda a manter o nível de preços sob controle, o que, além de beneficiá-la, beneficia também Bob, Carol, David, Evelyn e muitos outros. Por sua vez, se eles mantiverem mais dinheiro, Alice também se beneficiará. Como resultado, todo o mundo ficará em melhor condição se receber um empurrãozinho. Friedman chegou a contemplar uma taxa negativa de inflação, causada por uma *redução* constante na oferta monetária. (O governo poderia, por exemplo, coletar alguns impostos em dinheiro e queimar 10% do valor arrecadado.)

Por outro lado, o crescimento da oferta monetária tem algumas vantagens. Se o governo paga por clipes de papel com dinheiro recém-impresso, não precisa pagar por eles ao tributar o café, por exemplo, e isso é bom para todos que compram ou vendem café. Após considerar esse e outros fatores, Friedman defendeu uma taxa de inflação pequena mas positiva, da ordem de 2% ao ano. No entanto, acreditando que 2% ao ano provavelmente fosse politicamente inviável, declarou-se totalmente disposto a aceitar um valor próximo a 5%.*

---

* A taxa de inflação nos EUA atingiu quase 14% em 1980, e quase 13% no Canadá em 1981. Friedman teria ficado surpreso e satisfeito ao saber que, ao longo da última década, a taxa de inflação raramente passou dos 2% — muito porque as autoridades seguiram suas prescrições à risca.

POLÍTICA MONETÁRIA

Mas temos ignorado um outro conjunto de questões. Em nossa história, a oferta monetária aumenta, então Alice e Bob tentam gastar o dinheiro extra, e os preços sobem. No longo prazo, isso é tudo que importa. Mas no curto prazo esses ajustes de preços ocorrem aos sobressaltos, o que pode ter consequências importantes. Vejamos quais são.

HISTÓRIA MONETÁRIA

A *TEORIA QUANTITATIVA DA MOEDA* – ISTO É, O CONJUNTO de ideias em torno da noção de que os preços tendem a oscilar junto com a oferta monetária — remonta à obra do astrônomo Nicolau Copérnico no século xv. Durante a Grande Depressão, a nova geração de economistas "keynesianos" rejeitou amplamente a teoria quantitativa argumentando que, frequentemente, as pessoas não têm preferências fortes e estáveis sobre quanto dinheiro manter.* Portanto, diziam os keynesianos, quando as autoridades injetam dinheiro novo no sistema, as pessoas podem simplesmente depositá-lo, sem impactar os preços.

---

* Coloquei a palavra *keynesiano* entre aspas, utilizando-a para descrever as visões daqueles economistas que se diziam keynesianos, sem me aventurar no perigoso território de quão próximas suas visões estavam alinhadas àquelas do próprio John Maynard Keynes.

Ao longo das décadas de 1930 e 1940, um grupo de economistas, notadamente Henry Simons e Lloyd Mints, da Universidade de Chicago, reacenderam as chamas da teoria quantitativa. Quando juntou-se a eles na década de 1950, Milton Friedman apresentou-se apenas como o recebedor da tocha passada por seus ilustres predecessores. No entanto, hoje é amplamente reconhecido que a versão de Friedman dessa teoria era verdadeiramente original, mais sutil, reveladora e comprovada por testes empíricos.

A evidência para a teoria quantitativa está presente, sobretudo, na obra meticulosa de 800 páginas *Monetary History of the United States, 1857-1960*, escrito por Friedman e Anna Schwartz. O produto de 15 anos de trabalho dos dois autores e seus incontáveis pesquisadores assistentes foi reconhecido de imediato como um clássico moderno e uma obra de monumental importância. Na verdade, o adjetivo "monumental" é repetido em diversas resenhas sobre o livro, em frases como "consistência monumental", "coerência monumental" e "criatividade monumental".

As conclusões empíricas e a análise meticulosa dos dados em *Monetary History* impactaram as fundações do pensamento keynesiano que, na época, dominava a profissão econômica. Aqui seguem alguns detalhes:

- De 1860 a 1960, houve uma estabilidade notável no valor do poder de compra real (por exemplo, "renda de 10 semanas") que as pessoas desejam manter sob a forma de dinheiro. A demanda pelo poder de compra real muda ao longo daquele século, porém de forma gradual e previsível. Por exemplo, quando as rendas permanentes aumentam em 1%, o poder de compra real que as pessoas desejam manter tende a subir previsivelmente em cerca de 1,8%. Em contraste, quando as rendas não permanentes aumentam, há pouca mudança na quantidade de dinheiro que as pessoas desejam manter. Isso é consistente com a teoria que diz que as pessoas mantêm dinheiro para comprar coisas, e que (como vimos no capítulo 1) querem comprar mais coisas apenas quando suas rendas permanentes aumentam. Essa regularidade nos dados se opõe à visão keynesiana de que a demanda por dinheiro é errática e inerentemente imprevisível.

- Devido a essa estabilidade na demanda, mudanças na oferta monetária de fato levam a mudanças no nível de preços como previsto pela teoria quantitativa. Se você imprimir mais dinheiro do que as pessoas desejam, elas tentarão se livrar desse excedente, e os preços aumentarão. Até então, os keynesianos tinham amplamente negado esse fato; Friedman e Schwartz demonstraram que a evidência até aquele momento estava do lado da teoria quantitativa.

- Quando dinheiro novo é injetado no sistema, leva um tempo até os preços aumentarem. Alice vende um clipe de papel ao governo e recebe uma nota de US$ 5 recém--impressa, quer se livrar dela, tenta comprar coisas, e força os preços para cima – mas o processo leva tempo, às vezes mais que dois anos. Nesse meio-tempo, especialmente se uma recessão estiver em andamento, a demanda crescente de Alice por bens encoraja os negócios a produzir mais. (Na ausência de uma recessão, é possível que os negócios estejam próximos ao limite de sua capacidade produtiva; então, em vez de aumento da produção, haverá um aumento acelerado nos preços.)

- Portanto, um aumento na oferta monetária normalmente leva a um aumento na atividade econômica (às vezes, após um atraso de muitos meses), seguido por um aumento nos preços, e, por fim, a um retorno ao nível anterior de atividade (em geral, após um atraso de mais alguns meses). Mais uma vez, isso vai contra a velha crença keynesiana de que o dinheiro novo é simplesmente retido, tendo pouco impacto nos preços e na atividade econômica.

Então, você poderia pensar que, em tempos de recessão, seria uma ótima ideia imprimir mais dinheiro para aquecer a economia. Infelizmente, esses longos e variados atrasos [*lags*] praticamente impossibilitam explorar esse caminho: quando esse choque monetário começa a gerar frutos, é provável que a recessão já tenha acabado e, neste caso, tudo que você terá conseguido será um surto inflacionário.

Com base nisso, Friedman argumentou que mudar a oferta monetária é muito ineficiente (e até contraproducente) como arma contra problemas de curto prazo como recessões e, portanto, o foco dos legisladores deve ser o longo prazo. E no longo prazo, como vimos nos capítulos 2 e 3, a teoria quantitativa da moeda defende uma taxa baixa e estável de crescimento da oferta monetária. Como muitos economistas fazem, vamos chamá-la de "regra de Friedman".

O que ocorre quando a regra de Friedman é violada? Vimos isso na década de 1930, durante o desastre que chamamos de Grande Depressão — com taxas de desemprego variando entre 25% a 35% no mundo, rendas caindo dramaticamente e, em muitos lugares, indústrias inteiras (incluindo mineração, extração de madeira e construção) fechando as portas. Por quê? Friedman e Schwartz atribuíram a culpa disso inteiramente às autoridades monetárias que permitiram a queda da oferta monetária dos EUA em quase um terço. Isso, argumentaram persuasivamente, transformou uma recessão moderadamente acentuada em uma tragédia de grandes proporções.

Por incrível que pareça, *ninguém descobriu isso* antes de Friedman e Schwartz. Os keynesianos (desta vez, incluindo Keynes) acreditavam que a oferta monetária permanecera amplamente estável ao longo dos anos 1930, e ofereciam isso como prova de que uma oferta estável de moeda era impotente contra uma catástrofe econômica. Segundo os keynesianos, dinheiro estava sendo impresso, porém as pessoas simplesmente o estavam guardando debaixo do colchão.

Isso era rotundamente falso. O que de fato ocorreu foi uma contração drástica da oferta monetária, principalmente em razão das falências bancárias que as autoridades pouco fizeram para evitar. (Lembre que "dinheiro" inclui o saldo das contas-correntes, grande parte criada pelos bancos, como quando seu gerente lhe empresta us$ 10 mil com alguns cliques no computador — ou, na década de 1930, algumas assinaturas em um livro-razão —, criando uma conta-corrente com um saldo de us$ 10 mil. Quando o banco declara falência, esses saldos desaparecem.)

Quando o dinheiro desaparece, as pessoas tentam adquirir mais dele (o exato oposto do que ocorre quando novo dinheiro é criado e as pessoas tentam se livrar dele). Elas fazem isso *não comprando coisas*. No longo prazo, o único efeito é uma queda nos preços. No curto prazo, todavia, o efeito é a redução da atividade econômica. Quando essa redução da atividade econômica se dá em meio a uma recessão, e quando gera falência de bancos e reduções ainda maiores na oferta monetária, esse curto prazo desastroso pode se estender por muitos anos.

No que tange à política econômica, a lição que fica é a de que essa história não pode se repetir. Acadêmicos e legisladores levaram essa lição muito a sério.

Graças sobretudo às políticas que Friedman e Schwartz inspiraram, os Estados Unidos entraram em um período de 70 anos de estabilidade econômica sem precedentes, e muitos acreditaram que as recessões frequentes e severas do passado nunca mais se repetiriam. Em 2002, o presidente da Reserva Federal, Ben Bernanke, falando na comemoração dos 90 anos de Friedman, dirigiu-se diretamente ao grande economista, e disse:

Permitam-me encerrar meu discurso abusando um pouco de minha posição de representante oficial da Reserva Federal.

> Eu gostaria de dizer a Milton e Anna: sobre a Grande Depressão, vocês estão certos. Nós erramos. Pedimos perdão. Mas, graças a vocês, não erraremos novamente.

Infelizmente, esse otimismo encarou um grande desafio em 2008, quando outra série de falências bancárias em meio a uma recessão ameaçou desencadear um desastre comparável àquele da década de 1930. Na verdade, os estágios iniciais da recessão de 2008 foram tão severos e nefastos como os da Grande Depressão. Mas, seguindo a promessa de Bernanke, as autoridades agiram firmemente para manter a oferta monetária. Embora a recessão subsequente tenha sido dolorosa, não durou nem a metade da Grande Depressão, e sua gravidade foi apenas um terço da anterior (em termos de variação do PIB). Em geral, os economistas concordam que as lições aprendidas com *Monetary History* tiveram um papel crucial para evitar a repetição de uma catástrofe semelhante à da década de 1930.

É claro, há controvérsias sobre se os diretores da Reserva Federal interviram pouco ou muito em 2008, se fizeram o que tinham que fazer da melhor forma possível. Não restam dúvidas, porém, de que eles entenderam que sua missão era não repetir os erros da Grande Depressão, e foram capazes de cumpri-la porque Milton Friedman e Anna Schwartz tinham feito o trabalho sujo de descobrir, documentar e explicar ao mundo quais haviam sido esses erros.

UM POSFÁCIO

O ambiente monetário mudou muito desde 1963. Por um lado, tornou-se cada vez mais difícil decidir o que conta como "dinheiro". Em 1963, você precisava de uma semana para retirar fundos de sua conta-corrente. Hoje, você consegue fazer isso com um simples clique. A sua conta-corrente era uma forma de dinheiro em 1963? Ela é hoje? E os bitcoins? E as linhas de crédito imobiliário? Essas e outras inovações não só dificultaram essa definição; elas parecem também — ao oferecer tantas alternativas ao dinheiro — ter tornado a demanda por dinheiro menos estável do que era na época de Friedman.

O ambiente regulatório também mudou. Em 1963, era ilegal pagar juros sobre o saldo de contas-correntes. Muitos estados proibiam a abertura de redes de agências bancárias, de modo que um determinado banco só poderia ter uma sede física, aonde você tinha que ir para fazer saques. Com a flexibilização dessas regulações, as pessoas acharam novas formas de usar o dinheiro, o que contribuiu para flutuações adicionais na demanda.

Como resultado, as relações de curto prazo e longo prazo entre moeda, preços e atividade econômica não são as mesmas de 1963. É fato que a oferta monetária aumentou dramaticamente desde a crise de 2008, porém os preços não responderam como a velha teoria quantitativa teria previsto.*

---

* Isso está de acordo com a previsão de Keynes de que a teoria da quantidade tende a falhar (como nos anos seguintes a 2008) particularmente quando as taxas de juros estão muito baixas.

Assim, embora muitos dos *objetivos* de Friedman estejam consagrados, muitos de seus *métodos* preferidos se tornaram ultrapassados. Por exemplo, a meta de Friedman de uma inflação lenta, estável e previsível tem sido amplamente aceita pelas autoridades monetárias ao redor do mundo. Todavia, o método de Friedman — crescimento lento, constante e previsível da oferta monetária — não. Esse método fazia sentido na época de Friedman, quando a demanda por dinheiro parecia ser muito estável. Faz menos sentido na era dos pagamentos automatizados e das criptomoedas, quando a demanda por dinheiro se tornou mais errática, e a oferta monetária, mais difícil de controlar. Logo, as autoridades atuais tendem a focar na estabilidade (inflação baixa) controlando não a oferta monetária, mas as taxas de juros de curto prazo, com a taxa básica de juros sendo continuamente ajustada em resposta às condições econômicas observadas.* E, muito mais do que o previsto por Friedman, tentam manipular a *demanda* por moeda.**

A leitura superficial é a de que, ao se distanciar da oferta monetária, as autoridades rejeitaram Friedman. A interpretação mais profunda é a de que, ao fazer todo o necessário para controlar a elevação do nível de preços — mantendo-o gradual, estável e previsível — elas se revelaram profundamente friedmanistas. Digeriram a mensagem principal de que, pelo

---

* Essas políticas são conhecidas como "regra de Taylor".

** Mais importante: assim como você tem uma conta-corrente no banco, o seu banco tem uma conta-corrente na Reserva Federal. Ao ajustar a taxa de juros sobre aquela conta-corrente, a Reserva Federal pode influenciar a demanda por dinheiro de seu banco.

menos em geral, o dinheiro importa profundamente para os preços no longo prazo, e para a atividade econômica no curto prazo. Ninguém havia apreciado isso totalmente antes de Friedman (alguns podem até ter suspeitado, mas as análises estatísticas para dar suporte às suspeitas não estavam disponíveis). Todo o mundo entende isso hoje, e esse conhecimento evitou várias catástrofes nas últimas décadas.

DESEMPREGO

EM 1958, O ECONOMISTA WILLIAM PHILLIPS OBSERVOU uma correlação surpreendente: tempos de inflação alta são tempos de desemprego baixo, e vice-versa. Ao longo da década seguinte, a correlação se manteve.

A lição que a maioria dos economistas tirou foi a de que os legisladores encaram um *trade-off*: você pode ter menos desemprego, desde que esteja disposto a tolerar (e mesmo fabricar) um pouco mais de inflação.

Milton Friedman, quase uma voz solitária no deserto, atreveu-se a discordar. Não pela primeira vez em sua carreira, restou a Friedman relembrar o mundo de que correlação não é o mesmo que causalidade.

Em dezembro de 1967, após ter acabado de completar seu mandato como presidente da American Economic Association, Milton Friedman fez um discurso de despedida que reestruturou a macroeconomia moderna ao reinterpretar a Curva de Phillips. Ele contou, em essência, esta história:

> Suponha que você seja um marceneiro, atualmente desempregado porque sua melhor oferta de trabalho é de US$ 500 por semana, e entenda que seria melhor continuar procurando algo mais interessante. É claro, se todos os preços e salários dobrassem, você receberia uma proposta de US$ 1 mil por semana, mas mesmo assim não a aceitaria, já que o valor *real* de sua oferta de trabalho não teria mudado.

Mas modifiquemos um pouco a história: os preços dobram de madrugada, enquanto você está dormindo. De manhã, você acorda com uma ligação de um empregador oferecendo-lhe US$ 1 mil por semana. Você fica feliz, pois *ainda não está ciente* de que todos os preços subiram. Então, aceita o emprego. Alguns dias depois, você vai ao mercado e descobre a verdade cruel de que os US$ 1 mil dessa semana não compram mais que os US$ 500 da semana passada, e pede demissão.

Obviamente, essa história é profundamente estilizada, mas não é muito difícil imaginar uma versão realista em que os preços estão subindo, os trabalhadores não estão totalmente cientes das mudanças e as ofertas salariais começam a parecer melhores do que realmente são, ludibriando algumas pessoas a aceitar empregos que em realidade não querem, pelo menos até descobrirem que foram enganadas.

A mesma história ocorre no lado do empregador: você é um fabricante de bicicletas e as vende por US$ 200 a unidade.

Se todos os preços e salários dobrarem, você continuará como antes, vendendo-as por US$ 400 cada. A menos, é claro, que a duplicação ocorra enquanto você estiver dormindo, e você acorde na manhã seguinte com a notícia de que o preço das bicicletas dobrou, o que o levará a acreditar que a demanda por bicicletas disparou; o que, por sua vez, o levará a expandir sua fábrica e contratar mais metalúrgicos, pelo menos temporariamente. No fim das contas, é claro, você percebe que sua expansão fabril foi uma má ideia e que não precisará daqueles trabalhadores por muito tempo.

Se histórias como essa forem reais, a moral é a seguinte:

- Mudanças *esperadas* na inflação não afetam o emprego.
- Um aumento inesperado na inflação pode gerar um aumento temporário – e não permanente – no emprego.
- Quando ocorre uma série de aumentos inesperados na inflação, os economistas (incluindo aqueles chamados Phillips) podem notar que esses aumentos têm correlação com o emprego, mas podem deixar de notar que a correlação sobreviverá apenas enquanto a inflação continuar a ser inesperada.
- Um legislador que, mesmo assim, queira usar a inflação para reduzir o desemprego tem de engendrar uma inflação que seja *maior do que a esperada*. É difícil manter isso por muito tempo. Se os preços subirem 10% em janeiro, fevereiro e março, as pessoas esperarão a mesma elevação em abril. Então, se desejo manter o desemprego baixo, posso ter que fabricar uma taxa de

Figura 1: Taxas de inflação e desemprego nos Estados Unidos

1960-1969

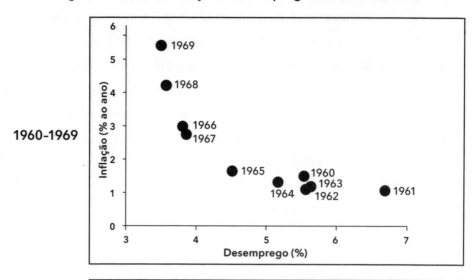

1970-2015

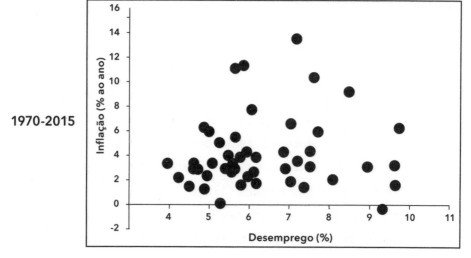

Os gráficos mostram taxas anuais de inflação e desemprego nos Estados Unidos, primeiro na década de 1960 e, depois, no período de 1970-2015. (Pontos no segundo gráfico não são classificados por ano, apenas por falta de espaço.) Ao final da década de 1960, Milton Friedman e Edmundo Phelps foram, essencialmente, os únicos a prever o que a correlação no gráfico acima mostra. O gráfico abaixo claramente ilustra a exatidão dessa previsão.
FONTE: Fraser Institute

inflação de 12% em abril, e, então, 14% em maio – levando as pessoas a esperar uma inflação de 16% em junho. Agora, terei de reajustá-la novamente para 18% em junho, e esse é o caminho da loucura.

- Nesse sentido, usar a inflação para mitigar o desemprego é como usar drogas pesadas para reduzir a dor. Quanto mais usar hoje, mais terá de usar amanhã para manter o equilíbrio.

- Mesmo as reduções temporárias no desemprego causadas pela inflação inesperada *não são positivas*. Não faço um favor a você se reduzo o desemprego ao enganá-lo para que aceite um emprego que você não desejaria sem a trapaça.

Com base nessa história, Friedman fez sua famosa previsão de que qualquer tentativa de explorar a correlação de Phillips ao manter a inflação elevada por um longo período certamente fracassaria — contrária à crença generalizada da época.* Ao longo da década de 1970, com a inflação e o desemprego em disparada, a previsão de Friedman provou-se espetacularmente precisa (veja a Figura 1). Em pouco tempo, praticamente todos os economistas estavam convencidos de sua previsão de que a inflação *esperada* não tem poder para combater o desemprego.

Uma lição chave que economistas e legisladores aprenderam foi a de que *não faz sentido* questionar, por exemplo, "o que

---

* Uma notável exceção era Edmund Phelps, outro futuro Prêmio Nobel que estava simultaneamente construindo uma narrativa muito similar à de Friedman.

acontecerá ao emprego se aumentarmos a oferta monetária deste ano em 5%?". A resposta poderia ser literalmente qualquer coisa, dependendo do que as pessoas esperam. Se os preços aumentam em 5% quando as pessoas estão esperando 10%, elas costumam ficar surpresas com ofertas salariais tão baixas, e muitas recusam empregos como resultado. Se os preços sobem 5% quando as pessoas estão esperando 2%, pode haver uma explosão no emprego.

Em vez disso, conclui-se que uma política monetária coerente deve focar no longo prazo, levando em conta como as mudanças de um ano impactam as expectativas para os anos seguintes. Além disso, é muito apropriado que as autoridades *administrem* expectativas, comprometam-se com regras claras de política e sejam transparentes em suas decisões.

Friedman, então, propôs uma hipótese de que existe uma *taxa natural de desemprego* que decorre do fato de vivermos em um mundo mutável e incerto, onde sempre haverá algumas pessoas que preferem estar temporariamente desempregadas para procurar um emprego melhor, voltar a estudar ou cuidar de emergências familiares. Tentar usar a inflação para reduzir o desemprego abaixo da taxa natural fracassará, pelo menos no longo prazo, e provavelmente não ajudará ninguém mesmo durante o breve intervalo em que parece exitosa.*

---

* A taxa natural pode mudar, e mudará se alguém encontrar uma forma melhor de encaixar trabalhadores em empregos ou se os programas de treinamentos se tornarem mais efetivos. O ponto de Friedman é que não se pode mudar a taxa natural de desemprego ao mudar a oferta monetária.

A *hipótese da taxa natural* é hoje um dos princípios fundamentais da macroeconomia.

As implicações da hipótese da taxa natural vão muito além da teoria monetária. Em 1976, o Congresso dos EUA aprovou a lei Humphrey-Hawkins, autorizando o governo a criar quantos empregos fossem necessários para manter a taxa de desemprego abaixo de 3%. O problema é que, para contratar pessoas, o governo precisa remunerá-las. Para remunerá-las, deve aumentar os impostos ou pegar dinheiro emprestado. De qualquer forma, diminui a renda no setor privado. Sobe o imposto de Alice, e ela decide não comprar uma piscina. Bob empresta ao governo, logo tem menos para gastar em restaurantes. Carl empresta ao governo em vez de depositar no banco, o qual, por sua vez, rejeita um empréstimo a Donna, que desiste de expandir o seu negócio. De uma forma ou outra, o emprego privado cairá.*

A contratação do governo não é uma receita para o crescimento do emprego; é uma receita para aumentar empregos públicos à custa da redução do emprego privado. Tentar legislar a taxa natural de desemprego é como tentar legislar a força da gravidade. As leis da natureza são alheias às leis dos homens.

Quando Friedman disse isso em sua coluna na *Newsweek*, o senador Hubert Humphrey, o principal proponente da lei Humphrey-Hawkins, respondeu que Friedman não o tinha compreendido; o objetivo dessa lei não era substituir o emprego

---

* Em seus escritos e discursos, Friedman retornava com frequência ao tema de que os efeitos da tributação e os efeitos dos empréstimos do governo são relativamente intercambiáveis. De qualquer forma, recursos são transferidos do setor privado para o setor público, e é isso que importa.

privado pelo emprego público, mas aumentar o emprego público *sem* afetar o emprego privado. Em outras palavras, Humphrey é que não tinha entendido nada.

Por que, então, essas leis são aprovadas? Aqui segue a resposta de Friedman: "Pessoas contratadas pelo governo sabem quem é seu benfeitor. Aquelas·que perdem seu emprego ou ficam desempregadas por causa de um programa do governo não sabem que ele é o culpado. Os efeitos positivos são visíveis. Os efeitos negativos, não. Os positivos geram votos; os negativos, descontentamento, normalmente direcionado às empresas, e não ao governo. O grande desafio político é superar esse viés, que tem nos levado à armadilha de governos cada vez maiores, bem como à destruição de uma sociedade livre".

Embora as ideias do discurso de despedida de Friedman fossem novas e, de muitas formas, radicais, tendiam a reforçar muitas das posições políticas que ele sempre defendera. Primeiro, a política monetária deveria ser focada no longo prazo, porque seu efeito no curto prazo era mínimo. (Podendo, todavia, causar grande *dano* no curto prazo, como ocorreu na Grande Depressão, e isso, é claro, deveria ser evitado.) Segundo, existem também limites poderosos ao que a política monetária pode fazer no longo prazo — não consegue afetar o emprego e, por razões similares, não consegue afetar a produção de bens e serviços. Portanto, a política monetária deveria ser calibrada para a única coisa que *pode* conquistar no longo prazo — um nível de preços que cresce gradual e previsivelmente, de modo que as pessoas possam formar expectativas precisas e fazer planos adequados.

Esse conjunto de ideias — tanto a história subjacente acerca da correlação de Phillips quanto suas implicações em termos de políticas — tem sido muito influente. Atualmente, as autoridades monetárias ao redor do mundo consideram inflação baixa e previsível um objetivo primário, aceitam que a política monetária não consegue afetar (positivamente) a produção e o emprego no longo prazo e admitem a gestão das expectativas como uma parte crítica de seu trabalho.

Houve alguma evolução na visão dos economistas sobre o desemprego. Hoje, praticamente todo o mundo concorda — e muito graças a Friedman — que existe uma taxa natural de desemprego, e que é uma ilusão mirar em qualquer valor inferior a isso. Mas, nos dias atuais, a maior preocupação é *evitar* políticas que possam inadvertidamente elevar o desemprego acima de sua taxa natural, impactando negativamente, inclusive, a política monetária. Mas os temas amplos de teoria monetária e política monetária são instantaneamente reconhecidos como aqueles que Friedman propôs de forma revolucionária em 1967.

A TEORIA DOS PREÇOS DE CHICAGO

DESDE SUA CHEGADA À UNIVERSIDADE DE CHICAGO EM 1946 até a sua aposentadoria em 1977, Milton Friedman fez o impossível para estabelecer a agenda intelectual do Departamento de Economia de Chicago. Embora Friedman fosse principalmente conhecido como um professor de Economia Monetária, ele decidiu ensinar a teoria dos preços, ou Microeconomia. Essa disciplina era obrigatória no primeiro ano da graduação e moldava a forma de pensar dos estudantes, fornecendo-lhes um conjunto extraordinariamente rico de ferramentas para analisar problemas em todas as áreas da economia.

Do que trata a Microeconomia, e o que havia de especial na vertente de Chicago? Talvez seja melhor responder a essa pergunta com alguns exemplos. Na década de 1950, o equivalente de Friedman no MIT era o influente e futuro Prêmio Nobel Paul Samuelson, que também ensinava Microeconomia. Aqui seguem algumas questões retiradas aleatoriamente dos exames finais de Samuelson:

- Escreva um artigo em 45 minutos explicando o que Hicks propõe nos capítulos I e II do livro *Value and Capital*, relacionando-os entre si.
- Em 45 minutos, estabeleça os problemas fundamentais do monopólio bilateral, do duopólio e/ou da teoria dos jogos. Que soluções foram propostas a eles? Analise-as.
- Em 45 minutos, discuta as principais teorias sobre o capital e os juros. Analise-as.

Em Chicago, na mesma época, Friedman propunha questões como estas:

- Um imposto específico de US$ 1 por xícara de café aumentará o preço do café em mais ou menos do que um tributo equivalente a uma porcentagem específica do preço?*
- Verdadeiro ou falso: avanços tecnológicos na produção de rayon, náilon e outros tecidos sintéticos impactaram o preço da carne.
- Se sojicultores receberem um subsídio fixo de X por hectare, a produção por hectare crescerá ou cairá?

---

* Aqui, um *imposto equivalente* é um imposto pensado para aumentar a mesma quantia de receita para o governo.

A TEORIA DOS PREÇOS DE CHICAGO

- Alega-se que o lucrativo ramo de filmes fotográficos da Kodak lhe permite vender suas câmeras por um preço melhor que seus concorrentes. Em que circunstâncias faria sentido para a Kodak se comportar desta forma?

Talvez você tenha parado para refletir sobre as perguntas de Friedman. Aposto que, a menos que você seja um economista profissional, nem tenha se interessado pelas de Samuelson. Para Friedman, a economia sempre tratou de problemas da vida real, das perguntas que faria um casal planejando seu orçamento, um empresário formulando sua estratégia de preços, um legislador ajustando um código tributário ou um cidadão assistindo ao noticiário. Teorias só eram interessantes quando faziam previsões concretas que podiam ser testadas. A General Motors deveria orientar suas subsidiárias a comprar peças pelos melhores preços ou a favorecer outras subsidiárias? O que aconteceria se todo taxista licenciado tivesse uma segunda licença e pudesse vendê-la para quem pagasse mais? Se a Alcoa tem um monopólio global sobre a extração do alumínio, importa (para os preços do alumínio) que também tenha o monopólio sobre a sucata?* O que ocorreria se a indústria editorial estivesse sujeita às mesmas regulações que as emissoras de TV?

---

* Isso faz referência a um caso de antitruste da época contra a indústria do alumínio, no qual o tribunal tinha aceitado o argumento de que, de fato, importa; a resposta que Friedman estava buscando era a de que importava muito ou pouco, dependendo de uma grande gama de fatores externos que um estudante perspicaz poderia, pelo menos, listar e analisar.

Parece que as respostas a essas questões poderiam ser qualquer coisa, dependendo de um grande volume de informação que não é dada. Mas Friedman ensinava a habilidade de argumentar até uma conclusão ao focar nas implicações da escolha racional e do comportamento motivado por incentivos, fazer suposições auxiliares conforme necessário e controlar cuidadosamente como a conclusão poderia mudar se elas se provassem incorretas.

Com o tempo, estudantes bem treinados de Chicago se formaram, conquistaram empregos e disseminaram essas habilidades para seus próprios alunos, a ponto de a teoria dos preços de Chicago se tornar parte do currículo de todos os departamentos de economia do mundo.

Nas mãos de Friedman, a teoria dos preços de Chicago não se tornara apenas uma disciplina poderosa e inovadora, mas a chave para *toda* a ciência econômica. Fora de Chicago, disciplinas como Macroeconomia e Economia Monetária eram tratadas como algo separado da Microeconomia ou teoria dos preços. Em Chicago, todavia, a teoria dos preços estava no centro de tudo, incluindo a própria obra de Friedman em teoria monetária. De fato, Friedman se distingue claramente de seus contemporâneos porque sua teoria monetária depende crucialmente de uma análise atenta do porquê de as pessoas manterem dinheiro consigo em primeiro lugar — uma análise que, por sua vez, depende crucialmente da aplicação hábil das ferramentas da teoria dos preços.

Como a teoria dos preços de Chicago exige respostas concretas para questões concretas (em oposição a ensaios maçantes de 45 minutos), ela convida à discussão. Estar em Chicago significava envolver-se constantemente em discussões com pessoas muito inteligentes que defendiam respostas conflitantes para as questões propostas por Friedman. Esses debates (entre alunos e professores) eram experiências valiosas de aprendizado, em que a interação permitia compreender a lógica do outro e, com frequência, entender como suposições diferentes levavam a conclusões diferentes e como elas poderiam ser testadas.

Essa cultura de debate era zelosamente cultivada por Friedman e seu colega George Stigler, outro futuro Prêmio Nobel que compartilha com Friedman o crédito pelo desenvolvimento da teoria dos preços de Chicago. O mais impressionante dessas discussões é que, após horas, semanas ou, às vezes, meses de idas e vindas, a tendência era o acordo, do qual nasciam grandes ideias.

Um exemplo lendário ocorreu em 1958, quando Ronald Coase, então professor na Universidade de Virgínia, visitou Chicago para apresentar um artigo sobre a teoria das *externalidades* — custos impostos a outros sem seu consentimento. Uma externalidade ocorre, por exemplo, quando sou obrigado a respirar a fumaça do seu cigarro. Como resultado, você tende a fumar mais do que eu gostaria, e mais do que se poderia justificar por uma análise imparcial de custo-benefício.* A solução,

---

* Se o seu terceiro cigarro lhe traz us$ 0,05 de prazer (líquidos do que você pagou) e me causa US 0,03 de prejuízo, então, uma análise custo-benefício imparcial diz que é bom para você fumar o cigarro, pois us$ 0,05 é maior que us$ 0,03. Se o seu quarto cigarro lhe traz us$ 0,04 adicionais de prazer e me causa us$ 0,06 de dano, então, a mesma análise custo-benefício me diz que é ruim.

de acordo com todos os livros em 1958, era tributar a atividade prejudicial — no caso, fumar — para que ela diminuísse.

A abordagem radical de Coase à questão era a de que, da mesma forma que seu fumo me prejudica, minha queixa contra isso (convencendo meu governo a tributá-lo) prejudica *você*. Então, se a lógica do livro estivesse correta, teríamos que tributar você por fumar, tributar a mim por tornar o tributo necessário e tributar *você* por tornar esse tributo necessário, numa espiral de loucura. O professor Coase, portanto, propôs uma análise totalmente nova do problema da externalidade cujos detalhes são fascinantes, mas, infelizmente, fora do âmbito deste texto.*

Eu escrevi algumas palavras sobre a visita de Coase a Chicago em meu livro *The Armchair Economist*:

> O seminário de Coase tornou-se lendário entre os economistas. Atraiu a audiência mais brilhante e intelectualmente desafiadora possível. George Stigler, um dos quatro futuros Prêmios Nobel no auditório, considerou a plateia uma reunião "sublime" de teóricos, talvez um dos eventos intelectuais mais empolgantes de sua vida. Antes do debate, realizou-se uma votação. Houve 20 votos para Arthur Pigou (o arquiteto da teoria geralmente aceita) e 1 para Ronald Coase. Stigler comentou posteriormente que "se Ronald não pudesse votar, o resultado teria sido ainda mais unilateral".

---

* A chave dessa nova análise é reconhecer que o seu fumo impõe um custo sobre mim, minhas tentativas de restringi-lo impõem um custo sobre você, e que uma política bem desenhada deveria focar em minimizar o total desses custos.

A TEORIA DOS PREÇOS DE CHICAGO

Stigler continua seu relato: "Como sempre, Milton foi o que mais falou ... Minha lembrança é de que Ronald não nos convenceu. Mas ele tampouco cedeu a todos os nossos argumentos equivocados. Milton o atacava por um lado, depois por outro. Então, para nosso horror, Milton errou o alvo e atacou nossa própria teoria. Ao final da noite, o resultado havia mudado. Tínhamos 21 votos para Ronald e nenhum voto para Pigou". Em pouco tempo, toda a profissão fora convencida, e eventualmente Coase recebeu seu merecido Prêmio Nobel por ser o precursor de uma nova era da análise econômica da lei.

Talvez devêssemos informar que a referência de Stigler ao "final da noite" é um tipo de eufemismo. Segundo os relatos de alguns dos presentes, o seminário teve início na metade da tarde e acabou em torno das três da manhã, tendo sido transferido do local planejado para o auditório de Aaron Director (professor de Direito de Chicago e cunhado de Milton Friedman). O estilo de Chicago — o estilo de Friedman — era nunca dar um assunto por encerrado até tê-lo dissecado por completo.

Para esse fim, Friedman introduziu um novo tipo de seminário: a cada semana em seu "workshop monetário", um palestrante convidado submetia antecipadamente um relato escrito de seu projeto atual de pesquisa. Todos os participantes deveriam ler o material detalhadamente, e levar suas respectivas anotações, perguntas etc. Durante o seminário, o palestrante tinha alguns minutos para se apresentar antes do início dos trabalhos. Então, Friedman perguntava: "Existem comentários sobre a página 1?". Se os comentários e as discussões que geravam não preenchessem os 90 minutos estipulados, ele questionava: "Existem comentários sobre a página 2?". Os palestrantes normalmente saíam de lá sentindo-se ao mesmo tempo criticados e estimulados, e aperfeiçoavam seus projetos de pesquisa, frequentemente incluindo agradecimentos profusos a Friedman e seu grupo na versão final de seus escritos.

Encorajados pelos sucessos da teoria dos preços de Chicago, seus seguidores logo buscaram expandir seu escopo ao aplicar seus métodos a questões previamente consideradas fora do escopo da economia. Gary Becker, o brilhante discípulo de Friedman, aprofundou-se no campo da sociologia, e usou a teoria dos preços para analisar as causas e os efeitos da discriminação racial, do comportamento criminoso, do tamanho das famílias, dos conflitos de poder nas relações interpessoais e das taxas de divórcio. Harry Markowitz e Eugene Fama usaram a teoria dos preços para entender as decisões de portfólio de investimentos e, assim, revolucionaram a teoria das finanças. Robert Fogel empregou a teoria dos preços para esclarecer a persistência da escravidão no Sul dos Estados Unidos. Todos os mencionados neste parágrafo foram diretamente inspirados por Friedman, e todos eles eventualmente receberam um Prêmio Nobel.

Os discípulos de Friedman também colheram outro tipo de glória através das contribuições ilustres de seus próprios alunos e dos alunos desses ao longo de gerações, sem fim à vista. Após muitas décadas, a teoria dos preços de Chicago — proposta por Milton Friedman — permanece ainda uma das disciplinas mais bem-sucedidas da história intelectual.

CAPITALISMO E LIBERDADE

EM 1962, MILTON FRIEDMAN IRROMPEU DA ACADEMIA para a esfera pública com a publicação de *Capitalismo e Liberdade*, galgando a 16ª posição na lista da revista *Time* dos livros mais influentes escritos em inglês no período 1923-2011.* Mais de um século depois, a obra foi republicada em dezenas de idiomas e aparece próximo ao topo da lista de *best-sellers* em teoria econômica da Amazon.

A tese central do livro é que a liberdade econômica é um pré-requisito para a liberdade política e pessoal. Aqui, *liberdade econômica* se refere a um sistema de livre mercado e propriedade privada que opera com interferência limitada do governo. *Liberdade política e pessoal* engloba eleições livres, representatividade

---

* Esse período aparentemente arbitrário se explica porque a revista *Time* foi fundada em 1923 e a lista foi compilada em 2011.

das minorias, liberdade de expressão e a opção de escolher um estilo de vida nada ortodoxo. Se você anseia por esse tipo de liberdade, deve lutar pelo livre mercado. Escrevendo em 1962, Friedman disse que desconhecia qualquer exemplo, em qualquer época ou lugar, de uma sociedade que tivesse oferecido liberdade política substancial sem também oferecer liberdade econômica substancial.

Mais de meio século passou, e continuamos sem nenhum exemplo. O Fraser Institute compila um índice detalhado de liberdade pessoal e econômica em 159 países, utilizando 79 indicadores distintos dentro de cada país; as metodologias são explicadas em detalhes no site do instituto. Dos 20 países com maior liberdade individual, todos, exceto um, também ocupam lugar entre os 25% com maior liberdade econômica, e mesmo a única exceção (Islândia) ainda está confortavelmente acima da média.

Infelizmente, isso funciona em uma única direção. Friedman observou, e os dados do Fraser Institute confirmam, que a liberdade econômica não é *garantia* de liberdade pessoal. Os Emirados Árabes Unidos são o 9º país mais economicamente livre do mundo, mas ocupam a medíocre 149ª posição entre 159 países no quesito liberdade pessoal. Entre os 20 mais economicamente livres, sete outros países não conseguem alcançar os 25% mais elevados em liberdade pessoal.

Embora sejam sugestivos, Friedman foi rápido em destacar que os dados nada provam sobre o que seria possível no futuro. Então, o próximo passo é entender *por que* e *como* a liberdade política é sempre e em todo lugar prejudicada pelo socialismo.*

Então, veja um exemplo: tanto a liberdade política como a pessoal consistem, em grande parte, no direito de se opor às políticas governamentais. Para fazê-lo de forma efetiva, você pode querer organizar protestos, filmar documentários, publicar livros ou divulgar seu blog. Para isso, você precisa de recursos. De onde você irá tirá-los?

Em uma sociedade capitalista, você pode recorrer a qualquer pessoa disposta a financiá-lo. Você pode apelar para o voluntariado, mas é provável que precise de algum dinheiro para começar. Pode ser mais efetivo abordar um doador rico — e se não tiver sucesso, buscar outro. Você nem precisa de um doador rico que acredite em sua causa; você só precisa de um que acredite que há chances reais de lucro com a venda de seus livros ou documentários, ou na promoção de seu blog. Você pode fracassar, mas opções não faltam. E, como podemos ver ao nosso redor, as sociedades capitalistas — incluindo os Estados Unidos — sempre foram dominadas por propaganda anticapitalista financiada por capitalistas ricos.

É claro, mesmo após ter conseguido financiamento, você pode ter problemas para contratar tempo de rádio ou tv, já que os proprietários desses veículos podem ser hostis à sua causa.

---

* Seguindo Friedman, utilizarei as palavras "capitalismo" e "socialismo" significando a presença ou ausência de liberdade econômica. O socialismo pode incluir a propriedade pública dos recursos produtivos ou o controle governamental sobre as decisões feitas por proprietários privados.

O ESSENCIAL DE MILTON FRIEDMAN

Mas você tem pelo menos dois recursos ainda disponíveis. Um é buscar outra rede. Outro é oferecer um valor maios alto.

No socialismo, você tem um problema muito maior. Se o governo é dono dos centros de convenções, teatros, estúdios e provedores de internet, ou se regula seus proprietários fortemente, você é obrigado a contatar o governo — e se ele se negar a recebê-lo, não há a quem recorrer.

Isso é um problema *mesmo se* o governo for liderado por idealistas comprometidos com o princípio de que todo o mundo merece ser ouvido. O problema desse princípio é que não se sabe o significado de "todo o mundo". Os recursos são limitados, e a demanda por eles é ilimitada; logo, alguém ficará sem espaço para veicular suas ideias. Sempre que uma entidade controla todos os recursos, muitos ficam sem alternativas. Vale lembrar que o capitalismo não lhe garante audiência, mas lhe proporciona um número ilimitado de oportunidades para tentar.

Permanece o fato de que se existem 20 centros de convenções e 30 grupos que desejam organizar eventos, 20 conseguirão, e outros 10, não. Mas num regime socialista, os 20 que tiveram êxito apelaram justamente ao mesmo grupo de oficiais, enquanto no capitalismo, os 20 que têm êxito terão apelado a um grupo muito diverso de doadores e empreendedores — então, uma maior diversidade de opiniões será ouvida. E como bônus, no capitalismo, existe maior incentivo para alguém construir um 21º centro de convenções.

E antes que você diga que isso não passa de teorização abstrata, considere o caso de Winston Churchill, que passou

68

CAPITALISMO E LIBERDADE

grande parte da década de 1930 tentando desesperadamente convencer o público britânico a assumir uma postura firme contra Adolf Hitler e a remilitarização da Alemanha. Mesmo Churchill sendo um cidadão destacado, membro do Parlamento e ex-ministro de gabinete, as redes de rádio e televisão — todas de propriedade do governo britânico — decidiram que suas visões eram muito heterodoxas, e preferiram não vender-lhe espaço para divulgar suas ideias.

Se houvesse redes de comunicação privadas, livres para vender tempo de veiculação como preferissem, Churchill certamente teria alcançado uma audiência muito maior. Ele teria conseguido mudar a opinião pública e o curso da história? É óbvio que nunca saberemos. Mas sabemos que o socialismo lhe negou até mesmo a liberdade para *tentar*.

As sociedades capitalistas têm chances de obter liberdade política porque nelas o poder econômico é *disperso*. Existe sempre alguém a quem apelar.

Temos falado sobre o discurso político, mas a mesma lição se aplica de forma mais ampla. Você quer buscar uma plateia para suas visões heterodoxas sobre educação, tratamento ético de animais ou reconciliação entre ciência e religião? A liberdade de expressão exige capitalismo porque o discurso normalmente requer tempo de veiculação, estúdio de gravação, centro de conferências ou presença on-line. Se eu não lhe disponibilizo essas coisas por não concordar com suas visões, você pode buscar em outro lugar (ou, talvez, fazer uma proposta que me deixe tentado a esquecer meus princípios). Porém, se uma entidade controla todas as redes, todos os estúdios de gravação,

O ESSENCIAL DE MILTON FRIEDMAN

salas de conferência, serviços de hospedagem, e se ela desaprova sua mensagem, você está sem sorte.

Liberdade de escolha profissional também exige capitalismo porque um emprego geralmente precisa de um empregador. Se eu não o contrato porque não gosto de seu estilo de vida ou etnia, você pode buscar emprego em outra empresa. No entanto, se uma entidade controla as contratações e desaprova seu estilo de vida ou sua etnia, pior para você. Ser livre para comer em um restaurante exige capitalismo porque alguém tem de servi-lo. Se eu não quiser servi-lo, você pode encontrar alguém que queira. Mas se uma entidade controla todos os restaurantes, e se ela decide que você não será servido, então, você não será servido.

E antes que você diga que tudo isso não passa de teorização abstrata, considere a história dos estados sulistas dos Estados Unidos nos cem anos depois da Guerra Civil, onde as chamadas leis "Jim Crow" tornavam difícil e frequentemente impossível que cidadãos negros pudessem encontrar emprego, comer em restaurantes, pegar um ônibus ou abrir uma empresa. Por que essas regulações eram consideradas necessárias? Porque se sabia que, caso elas não existissem, os consumidores e trabalhadores negros recusados por um estabelecimento seriam acolhidos em outro. Para negar liberdade individual e política aos afro-americanos, os políticos precisavam restringir a operação do livre mercado.

De fato, Friedman aponta que o capitalismo é um território particularmente hostil à discriminação racial, religiosa ou política precisamente porque distribui a atividade econômica tão amplamente a ponto de você dificilmente conhecer a raça, a religião ou o viés político daqueles com quem faz negócios. Em um país capitalista, quando você compra um carro, você não tem como saber se os parafusos das rodas foram apertados por um republicano, por um comunista, por um pagão, por um hindu, por uma lésbica, por um poliamorista ou por uma pessoa cuja pele é mais clara ou mais escura que a sua. Isso inviabiliza totalmente a discriminação de clientes contra qualquer um desses grupos. Em contraste, se as fabricantes de automóveis fossem todas controladas pelo governo, seria mais fácil para um grupo de clientes preconceituosos fazer *lobby* a favor de práticas discriminatórias de contratação.

Grande parte da atividade econômica exige coordenar a atividade de um vasto número de pessoas. Os nova-iorquinos têm pão em suas mesas graças à atividade coordenada de agricultores, padeiros, motoristas, produtores de fertilizantes, pesticidas e tratores, dos mecânicos que fazem a manutenção dos tratores e caminhões de entrega, e literalmente de milhares de outros. Existem apenas duas formas para organizar essa atividade: através do mercado anônimo, onde indivíduos respondem aos sinais de preços (de modo que um aumento na demanda por pão leva, por fim, a um aumento na demanda por manutenção de tratores, levando mecânicos voluntariamente a fazer hora extra) ou através de gestão vertical — ou seja, coerção. No segundo caso, todos nós estamos sujeitos aos caprichos e aos preconceitos dos administradores. Portanto, o mercado é o único sistema econômico que conduz à liberdade.

Além disso, existe uma outra via pela qual o capitalismo fomenta a liberdade pessoal: torna as pessoas mais ricas, e quanto mais rico você é, mais liberdade pode bancar. A sua religião exige que você faça uma peregrinação a São Francisco uma vez por ano? As suas preferências sexuais exigem que você viaje em busca de um(a) parceiro(a) compatível? O seu amor pela natureza o compele a tirar quatro semanas de férias todo verão para visitar locais exóticos? Essas coisas fazem parte de sua liberdade pessoal. E também são caras. Em geral, quanto mais rico você for, mais livre será.

É claro, resta ainda provar que a maioria das pessoas é mais rica no capitalismo que no socialismo. Argumentar sobre isso nos tiraria do foco, mas espero que seja suficiente notar que quase todos os economistas concordam que sim, com base na confluência de evidências de diversas fontes. Um exemplo: é fácil encontrar cidades em ambos os lados da fronteira México/Estados Unidos com clima, população e recursos naturais praticamente idênticos — porém, as do lado americano são sistematicamente mais ricas por razões que podem ser explicadas com facilidade pelas políticas que são mais socialistas ao sul da fronteira, e mais capitalistas ao norte dela. E, é lógico, os americanos naquelas cidades, possuidores dos recursos para viajar com mais frequência, consomem mais e tiram férias mais longas, sendo em diversos sentidos mais livres que seus vizinhos mexicanos. As últimas décadas também ofereceram alguns exemplos mais dramáticos, como a Alemanha Oriental e a Alemanha Ocidental, e a Coreia do Norte e a Coreia do Sul.

Essa é, então, a principal mensagem de *Capitalismo e Liberdade*: o capitalismo não garante a sua liberdade, mas, por várias razões, a ausência dele é garantia de falta de liberdade. O próximo passo é traduzir essa generalização em propostas específicas de política, ao que Friedman se dedicou na sequência — e faremos o mesmo.

ANÁLISE DE POLÍTICAS

APÓS TER TRAÇADO A CONEXÃO ENTRE LIVRE MERCADO e liberdade pessoal, Friedman focou em questões específicas. Os últimos capítulos de *Capitalismo e Liberdade* apresentam o argumento a favor de limitar o papel do governo na educação, no mercado de trabalho, na governança corporativa, na habitação, na previdência, na redução da pobreza etc.

Esses capítulos são breves, envolventes e facilmente compreensíveis, por isso não preciso repetir seu conteúdo. Em vez disso, tentarei transmitir sua essência focando apenas em um deles — sobre licenciamento ocupacional — com alguns dos exemplos atualizados para o século XXI.*

---

* O licenciamento ocupacional foi um interesse permanente de Friedman; foi o tema de sua tese de doutorado.

Se você vive no estado de Nova York e deseja se tornar um barbeiro, precisará se inscrever em um treinamento de 53 dias e, depois, passar em um teste. (Se for muito caro, você ainda pode se tornar um técnico de emergência médica, que exige apenas 27 dias de treinamento.) Se tudo der certo, você estará qualificado para cortar cabelo no salão de outra pessoa. Se quiser abrir seu próprio negócio, o processo de licenciamento é muito mais complexo, caro e burocrático.

Uma vez que tenha obtido sua licença, desejo sinceramente que você nunca pretenda se mudar para outro estado, onde você terá que fazer tudo de novo. A probabilidade de pessoas em ocupações licenciadas mudarem de estado em comparação com seus conterrâneos em outras profissões é 36% menor. Dito de outra forma, para cada mil trabalhadores não licenciados que se mudam para outro estado em busca de um clima melhor, por causa do emprego do cônjuge ou para estar próximo às suas famílias, só 640 trabalhadores licenciados se mudam — e os outros 360 que queriam se mudar não o fazem por problemas de licenciamento.*

A boa notícia é que assim que você supera os obstáculos e aceita as restrições sua recompensa é uma licença que, além de lhe permitir trabalhar, por ser escassa aumenta artificialmente sua renda. Toda vez que alguém se recusar a cumprir as condições da licença, você terá um concorrente a menos. Estudos

---

* Johnson, J. e Kleiner, M. (2017), *Is Occupational Licensing a Barrier to Interstate Migration? NBER Working Pape*r nº 24107. National Bureau of Economic Research.

recentes concluíram que a exigência de licença tende a aumentar salários de 15% a 18%. Bom para os barbeiros licenciados, é claro.

Mas a quem isso prejudica? Primeiro, e mais óbvio, a todos que querem cortar cabelos, mas não estão dispostos a pagar milhares de dólares para sentar em uma sala de aula por 53 dias. Segundo, e não tão óbvio, a todos que pagam por seu corte de cabelo — em outras palavras, quase todo o mundo.

Como algo tão prejudicial pode sobreviver em uma democracia? Por que os eleitores aceitam isso? A resposta é que o eleitor médio não se importa muito. Pagar 18% a mais por um corte de cabelo pode ser desagradável, mas não a ponto de mudar o seu voto. Os barbeiros, no entanto, se importam muito com esses 18%, e garantem que os legisladores estejam cientes disso.

E o mesmo se aplica a muitas outras ocupações licenciadas: soldadores, telhadores, bilheteiros (sério!), pesquisadores, vendedores, farmacêuticos, encanadores, todos os tipos de auxiliares médicos, engenheiros, massoterapeutas, manicures, advogados, livreiros, cobradores, coveiros, serralheiros, taxistas, arquitetos e milhares de outros. Você pode não se importar em pagar 18% a mais por um corte de cabelo, mas se estiver pagando, em média, 18% a mais por *todos* esses serviços, pode apostar que sentirá o efeito disso. Mesmo assim, não vale o esforço lutar contra todos os requisitos de licença, enquanto soldadores, telhadeiros e bilheteiros se dedicam integralmente a manter seus benefícios.

Defensores do licenciamento afirmam que ele ajuda a garantir a qualidade dos serviços: um barbeiro ou um soldador treinado e licenciado provavelmente realizará um trabalho melhor que um professor de economia que decide, sem mais nem menos, abandonar a sala de aula e cortar cabelos. Mas Friedman argumenta que isso é, no máximo, um argumento a favor da *certificação*, e não do *licenciamento* obrigatório. Os barbeiros treinados podem exibir seus certificados; os outros, não. E cabe aos clientes decidirem por conta própria quem escolher.

Um pensador menos rigoroso que Friedman poderia minimizar a necessidade de o governo proteger os cidadãos de um mau corte de cabelo. Porém, como de praxe, Friedman renuncia ao caminho mais fácil e redireciona nossa atenção para o que a maioria das pessoas consideraria o caso mais difícil. O mundo seria realmente melhor se qualquer idiota pudesse obter uma licença para praticar medicina?

Em um mundo assim, haveria muito mais médicos, alguns deles muito piores do que os que temos hoje. Isso não é obviamente ruim. Não exigimos que todo automóvel seja tão bom quanto uma Ferrari, nem que todo restaurante tenha três estrelas Michelin. Por que então exigimos que todo médico curse seis anos de Medicina, mais vários anos de residência, enquanto limitamos severamente o número de faculdades de Medicina e hospitais universitários? Friedman, em uma antecipação marcante, vislumbrou possibilidades que eram totalmente impensáveis em 1962, mas agora se tornaram comuns, incluindo práticas multidisciplinares com profissionais em níveis distintos de habilidade (hoje podemos chamá-los de técnicos e auxiliares de enfermagem) autorizados a oferecer cuidados de saúde. Mesmo assim, esses profissionais ainda precisam de licença, e para obtê--la, devem passar por treinamentos em instituições que são elas

ANÁLISE DE POLÍTICAS

próprias licenciadas. Isso não restringe apenas o número de consultórios médicos como também limita o teste com estruturas organizacionais alternativas que são tão alheias à nossa realidade como eram as práticas multidisciplinares na época de Friedman. E se abolíssemos totalmente os requisitos de licenciamento? A medicina seria dominada por charlatões?

Parte da resposta é que, hoje, as pessoas normalmente consultam sites especializados antes de adquirir uma lava-louça ou smartphone. Em um mundo com mais opções médicas, não faltaria informação qualificada.

Mas talvez a melhor resposta esteja nas evidências. Nos Estados Unidos, os requisitos para uma licença de dentista variam substancialmente de estado para estado. Ao avaliar a saúde dental de recrutas ao redor dos Estados Unidos, economistas concluíram que requisitos mais exigentes de licenciamento *não têm efeito mensurável sobre a qualidade*, embora comprovadamente aumentem o preço dos cuidados odontológicos.*

* * *

Na história, é raro que um intelectual tenha um efeito direto e imediato em uma área de política pública, que dirá em várias. Milton Friedman foi certamente um deles. Como vimos, ele teve influência decisiva em questões de política monetária e sobre as mentes de muitos, e é praticamente o

---

* Kleiner, M. e Kudrle, R. (2000). "Does Regulation Affect Economic Outcomes? The Case of Dentistry". Journal of Law and Economics 43.

único responsável pelo fato de os erros da Grande Depressão nunca terem se repetido. Nos próximos capítulos, investigaremos sua influência direta em diversas outras áreas, incluindo escolha educacional, regimes cambiais e o fim do alistamento militar nos Estados Unidos.

É muito mais comum que os intelectuais exerçam sua influência de forma um pouco mais indireta, ao expandir o que os cientistas políticos chamam de *Janela de Overton* — a gama de ideias políticas que o público está disposto a levar a sério. Nesse aspecto, Friedman também foi extraordinário. Parece ter sido o primeiro grande intelectual público a defender a noção, então radical, de que você não precisa de seis anos de treinamento médico para drenar um furúnculo; tal expansão da Janela de Overton foi fundamental para tornar a ideia do auxiliar de enfermagem primeiramente concebível e, por fim, habitual. Como veremos no próximo capítulo, o licenciamento ocupacional é apenas uma das muitas questões em que a Janela de Overton foi invadida pela força e persistência dos argumentos de Friedman.

Apesar desses sucessos, o papel do governo nos países desenvolvidos cresceu substancialmente desde a época de Friedman. Nos Estados Unidos, uma medida aproximada é o tamanho do Registro Federal, a publicação anual que lista todas as regulações novas, revisadas ou propostas pelo governo dos Estados Unidos sobre os negócios. Em 1962, quando *Capitalismo e Liberdade* foi publicado, o Registro Federal ocupava 13.226 páginas. Em 2016, 97.110 páginas, quase seis vezes maior.

Isso sugere que a mensagem de *Capitalismo e Liberdade* é mais urgente do que nunca. Felizmente, ainda está em circulação, disponível em uma dezena de idiomas, e consistentemente no topo das listas de mais vendidos na Amazon nas categorias de "teoria econômica", "livre mercado" e "ideologias políticas".

O reconhecimento que obteve com *Capitalismo e Liberdade* não lançou apenas a segunda carreira de Friedman como intelectual público (após sua primeira carreira como acadêmico), mas uma terceira e relacionada carreira como ativista pela causa da liberdade. Voltemo-nos a ela.

CAPÍTULO 9

ATIVISMO

APÓS O SUCESSO DE *CAPITALISMO E LIBERDADE*, MILTON Friedman se tornou o mais conhecido defensor da liberdade econômica do mundo. Suas colunas de opinião na *Newsweek*, publicadas a cada três semanas por 18 anos, atingiam um público direto de quase 3 milhões de assinantes e eram amplamente citadas em outros meios de comunicação. Logo seu rosto e sua voz ficaram conhecidos por milhões mais através de seus depoimentos no Congresso, discursos públicos e aparições na mídia.

Friedman utilizava sua fama e retórica afiada como armas poderosas não só no debate de ideias como também na arena das políticas públicas. Seguem algumas das causas com as quais ele se identificava.

O ALISTAMENTO MILITAR VOLUNTÁRIO

Ao longo dos anos 1960, a sociedade americana foi dividida por uma amarga controvérsia sobre o alistamento militar. O argumento a favor dele se baseava amplamente na alegação falaciosa de que o custo de recrutas mal pagos era, de alguma forma, menor para a sociedade do que o de voluntários bem remunerados. Na verdade, o custo social de transformar Carl, o carpinteiro, em Sam, o soldado, é igual ao valor perdido dos serviços de carpintaria de Carl, não importando o valor de seu salário. Se Carl é recrutado, é ele que arca com esse custo; se ele é induzido a se voluntariar por um salário de mercado, o custo é transferido ao contribuinte. Mas o custo é o mesmo de qualquer forma.

Um exército recrutado custa exatamente o mesmo que um suposto exército voluntário com o mesmo número de pessoas. No entanto, um exército *realmente* voluntário é sempre mais barato porque, em vez de ter o mesmo perfil de pessoas, costuma atrair recrutas com opções menos valiosas. Se John é um carpinteiro menos produtivo que Carl, então John tem mais chances de se voluntariar que Carl. Quando em sua garagem, prestes a inventar o PC moderno, Steve Jobs em nenhum momento sofreu a ameaça de ter de largar tudo para entrar no exército. Em contraste, um comitê de seleção — que não tem como distinguir Jobs de uma massa de inventores menos inspirada e industriosa — poderia facilmente ter cometido um erro monstruosamente caro ao tê-lo recrutado.

Portanto, o recrutamento era uma afronta não só ao bom senso econômico como também à liberdade pessoal, e, em ambos os casos, atraía naturalmente a atenção de Friedman. Em 1966, ele participou de uma conferência — hoje considerada lendária — na Universidade de Chicago, organizada pelo antropólogo Sol Tax. De modo geral, a grande estrela daquela conferência era o ex-aluno de Friedman (e meu antigo colega) Walter Oi, responsável por estimar detalhadamente o custo do recrutamento. Antes da apresentação de Oi, uma enquete entre os 74 presentes registrou ⅔ a favor do recrutamento; depois dela, registrou ⅔ de oposição.

Três anos depois, o presidente Richard Nixon apontou Friedman para uma comissão especial que fazia recomendações sobre o futuro do alistamento. Os 15 membros foram especialmente escolhidos para representar a diversidade de visões: Friedman era um dos cinco que se opunham totalmente ao alistamento; outros cinco o apoiavam totalmente; e os cinco restantes se declaravam neutros. Após extensos debates e reuniões, Oi e Friedman convenceram todos os apoiadores e os céticos do alistamento, e a comissão entregou ao presidente um relatório unânime recomendando que o recrutamento fosse extinto. E logo depois, foi.

ESCOLHA EDUCACIONAL

Deveria haver mais escolas públicas? Se sim, por quê? Não basta argumentar que a educação é valiosa, visto que muitas coisas (incluindo alimento e moradia) também o são, e a maioria das pessoas não acredita que devam ser fornecidas pelo governo. O que torna a educação diferente? Uma resposta possível: o alimento que você compra beneficia sua própria família, enquanto a educação que você compra beneficia toda a sua comunidade, pois a alfabetização e outras habilidades básicas são necessárias para manter uma democracia estável. Portanto, a menos que você tenha uma grande preocupação com sua comunidade, se tivesse que bancar sozinho os estudos de seus filhos, você poderia escolher comprometer sua educação.

Na melhor das hipóteses, mesmo esse argumento é a favor do *financiamento* público da educação, e não a favor do *fornecimento* público da educação. São duas coisas muito diferentes, e podemos ter uma sem ter a outra. Em um ensaio de 1955, Friedman propôs exatamente isso: um sistema de *vouchers* educacionais, em que o governo exigiria um nível mínimo de educação e concederia aos pais *vouchers* que poderiam ser trocados por educação em qualquer instituição certificada que escolhessem. Quem quisesse adquirir educação além de um nível básico poderia fazê-lo por sua própria conta.

Um sistema de *vouchers* cumpriria o objetivo de fornecer educação para todos de uma forma que minimizaria o papel do governo e maximizaria a oportunidade da escolha parental. Proporcionaria todos os benefícios da concorrência, incentivando as escolas a atrair estudantes por sua qualidade. Significaria também que, mesmo se você fosse muito pobre, poderia enviar seus filhos para uma escola muito boa sem ter de se mudar ou achar um meio para transportar seu filho para outro distrito escolar.

A alternativa é o monopólio do governo. Como Friedman escreveu: "Você não pode fazer com que um fornecedor monopolístico de um serviço preste muita atenção aos desejos de seus clientes, em especial quando eles não o financiam diretamente". Em geral, as pessoas são frugais quando gastam seu próprio dinheiro, em especial quando gastam consigo mesmas. Mas, na maioria dos casos, os diretores das escolas gastam o dinheiro de outras pessoas com os filhos de outras pessoas, que é receita para desperdício e negligência. Entre 1970 e 1982, o gasto escolar nos Estados Unidos aumentou em mais de cinco vezes, embora as métricas de qualidade tenham caído.

O ensaio de Friedman sobre escolha escolar foi escrito principalmente para uma plateia de economistas, mas ele incluiu uma versão atualizada como um capítulo em *Capitalismo e Liberdade*, introduzindo a ideia de *vouchers* para o público em geral. (Como Friedman destacou, a ideia não era nova — tinha sido inspirada pela lei G. I., que proporcionava aos soldados que retornavam da Segunda Guerra Mundial *vouchers* educacionais como recompensa por seu serviço à nação). Daí, a ideia se popularizou.

Pelo resto de suas vidas, Milton e Rose Friedman representaram a causa da escolha educacional. Eles expuseram seus argumentos por escrito e na mídia em geral, fizeram *lobby* com legisladores, angariaram fundos para apoiar iniciativas e referendos políticos, e criaram a Milton and Rose Friedman Foundation (hoje renomeada como edChoice), que dá seguimento à obra dos Friedman, além de financiar pesquisas e educar os pais sobre as escolhas disponíveis.

Hoje, os *vouchers* educacionais são uma realidade em 15 dos 50 estados americanos, mais o Distrito de Colúmbia. Outros seis estados facilitam a escolha educacional através de sistemas de poupanças educacionais, 18 através de programas de bolsa dedutível do IR, e oito através de créditos e deduções tributárias. Quase 3 milhões de crianças em 44 estados estudam em *charter schools*, que Friedman caracterizou como "um passo na direção correta", mesmo ainda sendo parte do sistema governamental. De qualquer forma, a vontade política para instituir essas reformas pode ser traçada diretamente do trabalho dos Friedman.

REGULAÇÃO

Regulação contraproducente é um tema recorrente em *Capitalismo e Liberdade*, mas uma agência regulatória que não é mencionada é a FDA, que, entre outras coisas, proíbe a venda de qualquer nova droga que não atenda a seus padrões de segurança e eficácia.

Talvez por isso mesmo Milton Friedman, em 1962, não tivesse como saber quanto mal a FDA havia causado. Em 1973, Sam Peltzman, um aluno de Friedman, preencheu essa lacuna com um ensaio revolucionário que comparava o número (considerável) de vidas que a FDA salvara ao barrar medicamentos ruins do mercado com o número ainda maior de vidas que foram perdidas por sua ineficiência em liberar medicamentos bons.* Imediatamente, Friedman leu e divulgou os resultados de Peltzman em uma coluna amplamente citada da *Newsweek* em que pedia a abolição da FDA.

Em retrospectiva, disse Friedman, os resultados de Peltzman são exatamente o que deveríamos ter esperado. Enquanto existir a FDA, ocorrerão acertos e erros: a aprovação de alguns medicamentos prejudiciais ou a reprovação ou atraso de outros que poderiam salvar vidas. O primeiro tipo de erro domina as manchetes: **"Mãe de três crianças morre após ingerir medicamento aprovado pela FDA".**

O segundo tipo é invisível; ninguém lê uma manchete que diz: **"Pai de duas crianças morre de ataque cardíaco que poderia ter sido evitado caso as regulações da FDA não tivessem tornado proibitivamente caro desenvolver a droga que o teria salvo".**

Dada essa assimetria, a FDA prefere cometer o segundo tipo de erro e, portanto, erra demais nessa direção. Para aqueles que insistem em reformas (em vez de abolição), Friedman escreveu uma outra coluna chamada "Barking Cats":

> O que você pensaria de alguém que dissesse que adoraria ter um gato, desde que ele latisse? Afirmar que você apoia a FDA desde que se comporte como você deseja é

---

* Os poderes regulatórios da FDA foram repentina e dramaticamente aumentados em 1962. Imediatamente depois, houve uma redução aguda, duradoura e sem precedentes na taxa de aprovação de novas drogas. Até 1973, Peltzman tinha dados suficientes — incluindo aqueles sobre as diferenças entre a introdução de novas drogas nos Estados Unidos em comparação a outros países — para argumentar que o declínio, na verdade, tinha sido causado pela FDA, estimando o número de vidas perdidas como consequência.

precisamente o mesmo ... A forma como a FDA se comporta e suas consequências adversas não são um acidente, nem resultam de um erro humano facilmente corrigível. São justamente a consequência de sua natureza, da mesma forma que o miado está ligado à natureza de um gato.

A FDA ainda existe, e, segundo muitos pesquisadores contemporâneos, ainda está causando muito prejuízo tanto ao atrasar a introdução de novas drogas como ao impedir o desenvolvimento de outras. Porém, graças à insistência de Friedman em manter viva essa questão na mente da opinião pública, a agência tem sido pelo menos parcialmente controlada — contrário às expectativas mais pessimistas de Friedman. Desde 1992, laboratórios farmacêuticos podem financiar pesquisas de medicamentos que acelerem consideravelmente o processo de aprovação da FDA. Diariamente, médicos prescrevem drogas aprovadas pela FDA para propósitos não aprovados por ela. A FDA acelerou aprovações durante crises de saúde pública, particularmente no auge da epidemia da aids.

POLÍTICA CAMBIAL

Antes de 1971, grande parte do mundo operava sob um sistema de câmbio fixo. Um dólar americano podia ser comprado (ou vendido) por 360 ienes japoneses, 4.373 francos suíços, 26 xelins austríacos ou 1,23 gramas de ouro. Sob um sistema de acordos internacionais, as autoridades monetárias ao redor do mundo acordavam em manter essas taxas de câmbio, ajustando suas ofertas de moeda, se necessário. Se o iene, por exemplo, estivesse crescendo em valor, as autoridades japonesas aumentariam a oferta de ienes para neutralizar a apreciação. Se os comerciantes passassem a oferecer menos que 1,23 gramas de ouro por um dólar, as autoridades americanas reduziam a oferta de dólares para restabelecer seu valor. Desde 1950, Milton Friedman criticou ferozmente esse sistema, argumentando (entre outras coisas) que, como qualquer tentativa de controlar preços, era hostil à liberdade e sobrecarregava as autoridades monetárias com deveres que as impediam de fazer seu trabalho de forma adequada. Além disso, estavam condenadas ao fracasso de qualquer maneira, devido a pressões internas que igualmente as impediam de realizar suas obrigações. Esses fracassos periódicos eram uma fonte importante do tipo de incerteza e instabilidade que o sistema deveria evitar.

Por décadas, Friedman foi o líder intelectual de um grupo (muito) pequeno de defensores do câmbio flexível, e produziu uma série de memorandos que detalhavam como esse sistema poderia funcionar. Esses memorandos se provaram muito valiosos em 1971, quando os Estados Unidos anunciaram que, pela primeira vez, o dólar americano flutuaria livremente em relação ao ouro, fazendo ruir repentinamente todo o sistema de acordos internacionais. Um novo sistema de câmbio flutuante foi prontamente adotado, seguindo à risca as diretrizes que Friedman propusera. Caso elas não existissem, o mundo poderia ter seguido na direção oposta, de controles mais amplos e complexos sobre o capital e as taxas de câmbio, o que provavelmente exigiria novas e pesadas restrições sobre o comércio internacional.

Friedman mais tarde escreveu que essa lição ilustra a forma como os economistas exercem influência: "Sempre acreditei que não influenciamos o curso dos eventos ao persuadir as pessoas de que estamos certos ao fazer o que elas consideram propostas radicais. Em vez disso, exercemos influência ao manter opções disponíveis quando algo tem de ser feito em uma época de crise".

Isso parece certo. A crise da Guerra do Vietnã trouxe a discussão do alistamento militar; a crise das escolas públicas nos Estados Unidos inspirou uma busca urgente por alternativas; a crise da epidemia de aids inspirou a FDA, pela primeira vez, a liberalizar seu processo de aprovação de drogas. Em cada caso, a transição para uma nova política requeria muito trabalho intelectual, preparado ao longo de muitos anos, tanto como um guia detalhado para legisladores como para obter apoio do público em geral.

Estabelecer as bases foi o papel para o qual Friedman nasceu, em virtude tanto de sua influência intelectual — já falamos sobre ela — como de sua habilidade extraordinária como comunicador. Falaremos dela a seguir.

CAPÍTULO 10

OPINIÃO PÚBLICA

EM 1980, MILTON E ROSE FRIEDMAN COLABORARAM com o visionário produtor de televisão Bob Chitester para criar uma série de TV chamada *Free to Choose*. A série foi originalmente exibida nos Estados Unidos pelo canal público PBS. Com cerca de 3 milhões de telespectadores por episódio, foi um dos programas mais populares da história do canal. Um livro complementar de mesmo título, escrito pelos Friedman, ocupou a lista dos mais vendidos daquele ano.

Uma década depois, *Free to Choose* serviu de inspiração para os líderes de diversos países do antigo bloco comunista que estavam se reinventando após o colapso da URSS. Mart Laar, primeiro-ministro da recém-independente Estônia, citou explicitamente *Free to Choose* como sua fonte primária de orientação em política econômica. Após uma série de reformas inspiradas nas ideias dos Friedman, a Estônia foi, por muito tempo, a economia que mais cresceu na Europa. Hoje, segundo a classificação de liberdade econômica do *Índice de Liberdade Humana* produzido em parceria por Cato Institute, Fraser Institute e Friedrich Naumann Institute, a Estônia é um país mais livre que os Estados Unidos.

Cada episódio de *Free to Choose* começa com um breve relato destacando os sucessos do capitalismo e/ou os fracassos do socialismo, seguido por uma longa discussão entre Milton Friedman e um painel ideologicamente diverso de especialistas. Enquanto a série era produzida, Friedman embarcou em uma turnê por faculdades e universidades, onde fez palestras, respondeu perguntas e explicou suas posições. Muitas dessas palestras foram filmadas pela equipe de produção de *Free to Choose* e ainda são assistidas por milhões na internet.

Leitores de *Capitalismo e Liberdade* e da *Newsweek* já conheciam muitas das ideias e dos argumentos de Friedman. Mas *Free to Choose* revelou outra faceta igualmente notável dele. No debate de ideias, Friedman sempre conseguiu ser firme e, ao mesmo tempo, respeitoso em suas posições. Não conheço outra figura pública que tenha sido capaz de mesclar essa combinação tão habilmente.

Os vídeos — tanto os episódios de *Free to Choose* como a série de vídeos das palestras — revelam Friedman como um grande comunicador, que extraía a essência de quaisquer argumentos equivocados sem golpes baixos ou ofensas pessoais. Seu famoso sorriso contagiante transmitia a satisfação de esclarecer um ponto sem perder a humildade. Parece claro que ele gostava das pessoas com quem debatia, mesmo quando deplorava seus erros.

Como um bom economista, Friedman certamente reconhecia os benefícios da especialização. Muitos carpinteiros não são bons economistas pela mesma razão por que muitos economistas não são bons carpinteiros, e não há nenhum problema nisso. Muitos economistas negligenciam esse fato e se exasperam com a ignorância econômica. Por sua vez, Friedman se divertia com a diversidade humana. Quando um carpinteiro, uma manicure ou um engenheiro químico pronunciava disparates econômicos, Friedman rapidamente apontava "eu refleti sobre isso, você não", mas escrupulosamente evitava a implicação de que ele os estava repreendendo. Quando debatia com líderes radicais do Students for a Democratic Society, Friedman sempre destacava que ambos queriam as mesmas coisas — liberdade individual, pluralismo e prosperidade para as massas. "A única diferença entre nós", dizia ele com um sorriso, "é que eu sei como alcançar essas coisas, e vocês não".

Com colegas de profissão e outros que deveriam refletir sobre os temas, Friedman tinha língua afiada, embora reservasse sua perspicácia sardônica para alvos de seu próprio tamanho. Seu amigo de longa data Charles Brunie se recorda de uma festa em que um jovem lhe fez uma pergunta de forma excessivamente rude. A resposta de Friedman foi muito amável. Na manhã seguinte, Milton estava debatendo com James Tobin, outro Prêmio Nobel. Tobin fez quase exatamente a mesma pergunta que o jovem da noite anterior, mas de forma educada. Milton foi agressivo na resposta. Depois, Brunie perguntou a Milton por que ele tinha sido tão comedido com o jovem e tão agressivo com Tobin. Friedman respondeu: "O garoto não sabia do que estava falando. James, por outro lado, sabia — tentou me emboscar, e eu não deixei passar batido".

A mesma língua afiada ficou em evidência durante o depoimento no Congresso sobre o alistamento militar. Friedman foi chamado a testemunhar junto com o general William Westmoreland, o comandante das forças norte-americanas na Guerra do Vietnã. Westmoreland, um crítico do exército voluntário, disse que preferia não comandar um exército de mercenários. Imediatamente, Friedman rebateu questionando se ele preferia comandar um exército de escravos. E prosseguiu observando que, se soldados voluntários são mercenários, todas as pessoas pagas para fazer um trabalho também são, incluindo ele mesmo, Westmoreland e todo médico, advogado e açougueiro do país.

Para alguns, nenhum grau de civilidade ou justiça poderia compensar a recusa irritante de Friedman em aceitar preconceitos fracamente sustentados. O contador de histórias Leo Rosten, em seu livro *People I Have Loved, Known or Admired*, mudou o nome de Friedman para Fenwick, mas mesmo assim o retratou de uma forma instantaneamente reconhecível para todos que o conheciam:

> Fenwick é um homenzinho excepcionalmente amável. Sua disposição é tão viva, seu caráter tão aberto, que mesmo os cínicos mais empedernidos, de quem minha esposa é representante internacional, o definem como "profundamente adorável".

Ainda assim, diz Rosten, muitas pessoas não o suportam:

Fenwick é um homem que anda por aí sendo lógico. Ele emprega a razão até em festas ... O problema básico é que Fenwick, que é muito inteligente, supõe que as outras pessoas também o sejam. E essa, acreditem ou não, é a forma como se dirige a elas. Isso as inquieta, pois nada é mais perturbador do que ser tratado como se você fosse inteligentíssimo – especialmente por alguém que você nem conhece. Para evitar desiludir esse homem, você precisa se manter em constante estado de alerta e pensar antes de falar ... Você é forçado, inclusive, a examinar os chavões enlatados que sempre repetiu em vez de pensar.

Em diálogos comuns, Fenwick é um cidadão comum. Segue cada milímetro de sua linha de pensamento – de fato, ele a desenha com você. A linha nem está bem nítida e Fenwick já demonstra empolgadamente que (a) você desenhou mal a linha; ou (b) essa linha não está bem reta; ou (c) os pontos não levam de sua premissa às suas expectativas; ou (d) é melhor você apagá-la, ou tropeçará em um pântano de ideias sobre o qual você nem sabe que suas ideias estão apoiadas.

Oscar Wilde ... certa vez brincou: "Até suporto a força bruta, mas a razão bruta é insuportável ... Ela soca abaixo do intelecto". Fenwick, um camarada alegre, nunca soca abaixo do intelecto. Ele é sempre amável, justo, paciente, moderado – o que o torna muito impopular. Você entende? Fenwick é tão justo nas discussões que as pessoas não

conseguem sequer acusá-lo de usar táticas injustas, algo
irritante quando você está errado.

É universalmente aceito entre aqueles que conheceram
Friedman pessoalmente que o retrato de Rosten de um Fenwick
lógico, amável, justo, paciente e moderado é muito fiel à realidade. A manutenção daquela disposição justa, mesmo em face
de extrema hostilidade, é uma conquista tão rara e louvável
como a hipótese da renda permanente ou a teoria quantitativa
da moeda.

O fato de Friedman ser amado por quase todos que o
conheciam é um testemunho de sua personalidade. Falei com
ele por horas em quatro ou cinco oportunidades. Todas as
vezes ele foi gracioso e gentil, mesmo quando discordávamos
totalmente. Certa vez, discutimos sobre a guerra contra as drogas, à qual ambos nos opúnhamos pelas mesmas razões,
embora diferíssemos sobre quais delas eram mais importantes.
Ele acreditava que o maior problema era o custo da proibição,
incluindo o custo de encarceramento, não apenas para os con-
tribuintes, mas para as famílias dos encarcerados. Concordei
que isso era importante, mas pensava que ainda era menos
importante se comparado aos custos impostos sobre usuários
de drogas recreativas que pagavam mais caro pelo produto e,
em muitos casos, eram impedidos totalmente de usá-lo. Em vez
de discutir, retiramos um pedaço de papel e fizemos alguns cálculos. Nossos cálculos mostraram que, por alguma aproxima-
ção razoável, os custos de cumprimento e os custos aos
consumidores eram iguais. Tão logo percebemos isso,

Friedman riu. Ainda não estou certo do motivo do riso, mas acho que tinha a ver com a alegria profunda de ser recordado novamente de que desacordos são mais bem resolvidos através da lógica, evidência e respeito honesto pela verdade.

O carinho e a gentileza extraordinários de Friedman se manifestaram na força de seu casamento, muito comentada. Quando Milton e Rose estavam juntos em algum lugar, o amor entre eles era tangível. Você via isso quando estavam próximos, e você o sentia mesmo quando se achavam em lados opostos de uma sala, comunicando-se de formas sutis demais para descrever e poderosas demais para negligenciar. Isso era evidente para estranhos que, com muita frequência, perguntavam posteriormente se alguém mais tinha notado esse laço excepcional. Sim, todos haviam notado. Sinto-me honrado e agradecido por ter conhecido Milton Friedman, e por ter vivido em um mundo que melhorou muito com sua presença.

NOTAS SOBRE OS CAPÍTULOS, INCLUINDO LEITURAS ADICIONAIS

A Hoover Institution da Stanford University mantém o site *The Collected Works of Milton Friedman* (https://miltonfriedman.hoover.org/collections). Muitas das obras de Friedman citadas abaixo podem ser encontradas nesse site.

CAPÍTULO 1

A tradição acadêmica dita que ideias inovadoras sejam apresentadas primeiro em periódicos e, posteriormente, em livros. Friedman rompeu com essa tradição ao introduzir sua hipótese da renda permanente (junto com suas 230 páginas de teoria e evidências complementares) em um livro, *A Theory of the*

Consumption Function, publicado pela Princeton University Press em 1959.

CAPÍTULOS 2 E 3

A observação de Solow contrastando suas próprias obsessões com as de Milton Friedman aparece em sua contribuição a um livro de ensaios intitulado *Guidelines, Informal Controls, and the Marketplace*, editado por George Shultz e Robert Aliber e publicado pela University of Chicago Press em 1966.

A análise de Friedman da demanda e oferta de moeda, junto com a conclusão de que "a inflação é sempre e em todo lugar um fenômeno monetário" e as implicações disso para a política monetária, é disseminada em vários de seus artigos e ensaios, muitos dos quais estão reunidos no volume *The Optimum Quantity of* Money *and Other Essays*, publicado em 1969 pela editora Aldine. Muitos desses ensaios são muito técnicos, mas Friedman ofereceu um resumo bom e amplamente não técnico em um ensaio de 14 páginas intitulado *The Counter-Revolution in Monetary Theory*, publicado em 1970 pelo Institute for Economic Affairs.

CAPÍTULO 4

O *best-seller* de Milton Friedman e Anna Schwartz, *Monetary History of the United States:* 1867-1960 foi publicado em 1963 pela

NOTAS SOBRE OS CAPÍTULOS, INCLUINDO LEITURAS ADICIONAIS

Princeton University Press. Para leitores particularmente interessados no início da catástrofe da década de 1930, o capítulo 7 — "The Great Contraction: 1929-1933 — é o mais importante. Esse capítulo foi republicado dois anos depois como um livro de capa dura separado, pela mesma editora.

CAPÍTULO 5

William Philips traçou suas curvas relacionando taxas de inflação e desemprego pela primeira vez em um ensaio intitulado "The Relation Between Unemployment and the Rate of Change of Money Wage Rates in the United Kingdom, 1861-1957", publicado em *Economica* em novembro de 1958.

Friedman apresentou sua radical reinterpretação dos dados em seu discurso presidencial de 1967 à American Economic Association.

O futuro Prêmio Nobel Edmund Phelps propôs uma análise similar em um artigo na *Economica* intitulado "Phillips Curves, Expectations of Inflation and Optimal Unemployment over Time", também em 1967. O discurso presidencial de Friedman foi publicado como um artigo intitulado "The Role of Monetary Policy" no *Journal of Political Economy* no ano seguinte. Friedman retornou aos mesmos temas em outro grande discurso público, seu discurso de aceitação do Prêmio Nobel em 1976, intitulado "Inflation and Unemployment".

CAPÍTULO 6

As notas da palestra do curso de teoria dos preços de Friedman foram publicadas como o livro *Price Theory*, publicado em 1962 pela Taylor e Francis e, novamente em 2017, pela Routledge. Outros livros-textos clássicos na tradição da teoria dos preços de Chicago incluem *Theory of Price* de George Stigler e *Economic Theory* de Gary Becker.

A teoria das externalidades de Ronald Coase foi publicada como "The Problem of Social Cost", no *Journal of Law and Economics*, em 1960.

Obras adicionais de importância central na tradição da teoria dos preços de Chicago incluem:

- Becker, Gary. *The Economic Approach to Human Behavior*, University of Chicago Press, 1978.
- Becker, Gary. *The Economics of Discrimination*, University of Chicago Press, 1971.
- Becker, Gary. *A Treatise on the* Family, Harvard University Press, 1993.
- Markowitz, Harry. *Portfolio Selection*, Yale University Press, 1959.
- Fama, Eugene. *Foundations of Finance*, Basic Books, 1976.
- Fogel, Robert e Engerman, Stanley. Time *on the Cross: The Economics of American Negro Slavery*, Little Brown, 1974.

CAPÍTULO 7

Capitalismo e Liberdade foi publicado pela University of Chicago Press em 1962, depois reimpresso em 1982 e 2002 com material adicional.

The Human Freedom Index, uma publicação conjunta do Fraser Institute, do Cato Institute e da Friedrich Naumann Foundation for Freedom está disponível na internet em https://www.fraserinstitute.org/sites/default/files/human-freedom-index-2018.pdf.

CAPÍTULO 8

Como mencionado no texto, o interesse de Friedman pelo licenciamento ocupacional surgiu de sua pesquisa doutoral. Essa pesquisa foi eventualmente publicada pelo National Bureau for Economic Research (NBER) — mas não imediatamente, devido a preocupações sobre a conclusão incendiária de Friedman de que o licenciamento médico era uma barreira à entrada, cujo objetivo era manter as rendas elevadas dos médicos.

A própria dissertação tinha cerca de 600 páginas, e ainda é amplamente considerada um *tour de force*. Ela lançou as bases para dois grandes temas na moderna economia do trabalho. Primeiro, Friedman (junto com seu orientador de dissertação, o Prêmio Nobel Simon Kuznets) computou cuidadosamente os retornos de investimentos em capital humano (isto é, a aquisição de habilidades), prevendo a revolução na teoria do capital humano que levou a muito do trabalho pioneiro na área de Economia do Trabalho nas duas décadas seguintes. Segundo, eles foram pioneiros na teoria dos diferenciais compensatórios de salários (isto é, os prêmios salariais que as pessoas recebem por fazer trabalho relativamente indesejável). Isso também se tornou outro grande tema da Moderna Economia do Trabalho.

O livro do NBER, que lista Friedman e Kuznets como autores, foi publicado em 1945 sob o título *Income from Independent Professions*.

CAPÍTULO 9

As colunas de Friedman na *Newsweek* foram reunidas em um número de volumes em capa dura, mas todas estão disponíveis on-line no site da Hoover Institution: https://miltonfriedman. hoover.org/collections.

Sobre o alistamento militar: os participantes da Sol Tax Conference de 1966 em Chicago produziram um volume intitulado *The Draft: A Handbook of Facts and Alternatives*, que foi publicado naquele ano pela University of Chicago Press. Esse volume contém o texto da apresentação histórica de Walter Oi, entitulado "The Costs and Implications of an All-Volunteer Force". Oi expandiu seu material em "The Economic Cost of the Draft", publicado na *American Economic Review* (1967). Friedman respondeu com o breve ensaio "Why Not a Voluntary Army?", no periódico *New Individualist Review*, em 1967.

NOTAS SOBRE OS CAPÍTULOS, INCLUINDO LEITURAS ADICIONAIS

Sobre a escolha educacional: o ensaio de 1955 de Friedman propondo o sistema de *vouchers*, "The Role of Government in Education", está incluído na obra *Economics and the Public Interest*, editada por Robert Solo e publicada pela Rutgers University Press.

Sobre a regulação: o artigo de Sam Peltzman sobre a FDA, "An Evaluation of Consumer Protection Legislation: The 1962 Drug Amendments", foi publicado em 1973 no *Journal of Political Economy*.

Sobre as taxas de câmbio: Friedman primeiro abordou a questão em um ensaio intitulado "The Case for Flexible Exchange Rates", escrito e divulgado em 1950, mas publicado em 1953 com um capítulo no livro de Friedman *Essays in Positive Economics* da University of Chicago Press.

CAPÍTULO 10

Free to Choose, de Milton e Rose Friedman, foi publicado pela Houghton Mifflin em 1990. O livro *People I Have Loved, Known or Admired* de Leo Rosten foi publicado pela McGraw-Hill em 1970.

SOBRE O AUTOR

Steven E. Landsburg é professor de economia na University of Rochester. Ele é autor de *Can You Outsmart an Economist?*, *The Big Questions*, *More Sex is Safer Sex*, *Fair Play*, *The Armchair Economist*, dois livros-texto sobre economia e mais de 30 artigos sobre matemática, economia e filosofia em periódicos renomados. Ele escreve regularmente para a *Forbes* e *Slate,* e ocasionalmente para o *The Wall Street Journal, The New York Times,* e outras publicações.

OUTROS LIVROS DA SÉRIE:

ASSINE NOSSA NEWSLETTER E RECEBA INFORMAÇÕES DE TODOS OS LANÇAMENTOS

www.faroeditorial.com.br

Há um grande número de portadores do vírus HIV e de hepatite que não se trata. Gratuito e sigiloso, fazer o teste de HIV e hepatite é mais rápido do que ler um livro.
FAÇA O TESTE, NÃO FIQUE NA DÚVIDA!

CAMPANHA

ESTA OBRA FOI IMPRESSA
EM JANEIRO DE 2021